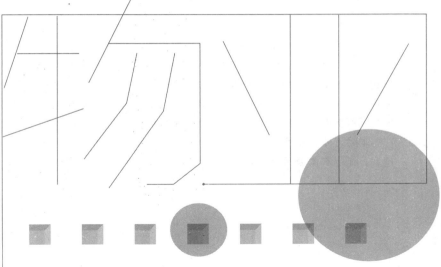

现代物业服务体系实操系列

物业服务沟通与投诉解决指南

福田物业项目组　组织编写

化学工业出版社

·北　京·

本书主要介绍了物业服务沟通的必要性、内容与形式，然后一一阐述了物业服务沟通的基础——良好的礼仪、物业服务沟通技巧、物业公司如何与业主沟通、如何与业主委员会沟通，最后描述了妥善处理客户投诉的步骤、方法与细节。本书强调实际操作技能与要求，对每项工作的业务流程、服务的规范与标准进行了梳理和规范，尤其是明确各项沟通与投诉解决的礼仪和礼节要求，使各项服务有章可循，使物业基层服务人员的整体素质和业务能力得以提升。

本书可作为物业公司基层培训的教材，物业公司也可运用本书内容，并结合所管辖物业的实际情况，制定有本公司特色的物业服务沟通与投诉解决工作标准。

图书在版编目（CIP）数据

物业服务沟通与投诉解决指南/福田物业项目组
组织编写．—北京：化学工业出版社，2018.7（2023.1重印）
（现代物业服务体系实操系列）
ISBN 978-7-122-32238-8

Ⅰ.①物… Ⅱ.①福… Ⅲ.①物业管理-商业
服务-指南 Ⅳ.①F293.33-62

中国版本图书馆CIP数据核字（2018）第110844号

责任编辑：辛　田　　　　　　　　　　文字编辑：冯国庆
责任校对：王素芹　　　　　　　　　　装帧设计：尹琳琳

出版发行：化学工业出版社（北京市东城区青年湖南街13号　邮政编码100011）
印　　装：三河市延风印装有限公司
787mm×1092mm　1/16　印张11¼　字数248千字　2023年1月北京第1版第7次印刷

购书咨询：010-64518888　　　　　　　　售后服务：010-64518899
网　　址：http://www.cip.com.cn

定　　价：48.00元

国家统计局公布的数据显示，全国物业管理10多万家企业中，97.3%均为中小企业，它们服务的物业市场规模达到50%，服务全国60%以上的业主。

当前，物业企业的外部环境也正在发生重要变化，这些变化包括劳动力供给持续短缺、经营成本持续普涨、劳动法令法规日趋完善、物业服务业务边界不断扩充、客户对服务精细化和专业化的要求不断提高、服务外包规模逐步扩大、城镇化带来史无前例的市场拓展空间等。

中小物业企业因为这些变化，面临较大的发展困难。业主因物业服务不满而导致的社区重大矛盾纠纷，60%以上发生在中小物业企业身上。

占行业总数95%以上的中小物业公司，在互联网创业这个"大风口"下，面临着前所未有的困惑。不少物业企业由于人力成本逐年提高而物管收费维持多年不变，因而导致大幅亏损。有的中小物业企业刚刚做出一点品牌，就被兼并收购；有的中小物业企业选择转型创业，但却面临大型物业企业的竞争，频频丢失项目。

为了推动我国物业服务与管理的发展，住房和城乡建设部印发了《住房城乡建设事业"十三五"规划纲要》，纲要涉及物业管理方面的内容，其中重要的一点是要促进物业服务业发展。以推行新型城镇化战略为契机，进一步扩大物业管理覆盖面，提高物业服务水平，促进物业管理区域协调和城乡统筹发展。健全物业服务市场机制，完善价格机制，改进税收政策，优化物业服务标准，强化诚信体系建设。建立物业服务保障机制，加强业主大会制度建设，建立矛盾纠纷多元调处机制，构建居住小区综合治理体系。完善住宅专项维修资金制度，简化使用流程，提高使用效率，提升增值收益。转变物业服务发展方式，创新商业模式，提升物业服务智能化、网络化水平，构建兼具生活性与生产性双重特征的现代物业服务体系。

物业企业应结合纲要精神，创新性的促进物业发展。首先，实施社区共享经济。其次，实施"互联网＋"服务。作为转型中的物业服务企业，当然要考虑如何运用互联网技术以及与互联网融合的问题。借助互联网发展起来的智慧社区、设备远程监控、智慧停车系统等，它们影响的不仅仅是业务工作的效率提高，而且直接改变了人们对产品和服务的体验方式，改变了与用户的服务和联络方式，颠覆了现有的管理方式和商业模式。

做好基础物业服务，就要提高业主的满意度，就必须通过科技手段提升专业化水平，实现物业服务效率的最大化，并通过资源整合提供更个性化、多样化的社区服务——这应该成为企业转型升级的根本所在。

基于此，我们开发了"现代物业服务体系实操系列"图书，包括《物业服务沟通与投诉解决指南》《物业保洁服务与绿化养护指南》《物业服务流程与工作标准指南》《物业岗位设置与管理制度全案》《物业网络管理与安防设施指南》《物业治安·消防·车辆安全与应急防范》六册。全书主要从实操的角度，对于物业管理与服务工作中应知应会的内容进行系统的归纳和整理，同时，书中提供了大量的案例和范本供读者参考使用。

本书由福田物业项目组组织编写，在编写过程中，获得了一线物业管理人员、物业管理行业协会的帮助和支持，全书由滕宝红审核完成。在此对大家付出的努力表示感谢！

由于笔者水平有限，书中不足之处在所难免，希望广大读者批评指正。

编者

目录
Contents

第二章　物业服务沟通技巧 **02** / 039

第三章　物业公司如何与业主沟通 **03** / 059

第四章　如何与业主委员会沟通 04

第五章　妥善处理客户投诉 05

附录 物业服务投诉处理案例

导读：

物业服务沟通

　　近年来，物业服务企业与小区业主之间的关系经常成为电视新闻、报纸杂志的关注点，甚至还有专门以此为题材拍摄的电视剧。难道物业服务人员与业主之间的矛盾真的无法调和、无法解决吗？大量的物业服务矛盾与纠纷案例的分析表明，绝大部分问题在于当事人之间缺少有效的沟通，将细小的矛盾演化为大问题甚至是热点问题，阻塞了双方之间信息与交流的渠道，酿成了误解与纠纷。有效沟通对于处理与化解物业服务过程中的纠纷有着举足轻重的作用，物业服务企业必须充分认识到，与业主之间的有效沟通在物业服务中的重要意义。

　　在物业服务中，沟通就是管理，沟通就是服务。沟通的过程，就是管理物业的过程，就是服务业主的过程。

一、物业服务沟通的必要性

　　物业管理的现状决定了沟通的必要性。

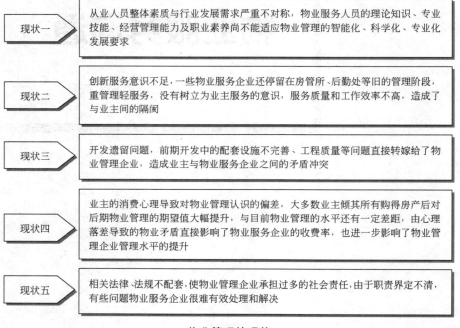

现状一 从业人员整体素质与行业发展需求严重不对称，物业服务人员的理论知识、专业技能、经营管理能力及职业素养尚不能适应物业管理的智能化、科学化、专业化发展要求

现状二 创新服务意识不足，一些物业服务企业还停留在房管所、后勤处等旧的管理阶段，重管理轻服务，没有树立为业主服务的意识，服务质量和工作效率不高，造成了与业主间的隔阂

现状三 开发遗留问题，前期开发中的配套设施不完善、工程质量等问题直接转嫁给了物业管理企业，造成业主与物业服务企业之间的矛盾冲突

现状四 业主的消费心理导致对物业管理认识的偏差，大多数业主倾其所有购得房产后对后期物业管理的期望值大幅提升，与目前物业管理的水平还有一定差距，由心理落差导致的物业矛盾直接影响了物业服务企业的收费率，也进一步影响了物业管理企业管理水平的提升

现状五 相关法律、法规不配套，使物业管理企业承担过多的社会责任，由于职责界定不清，有些问题物业服务企业很难有效处理和解决

物业管理的现状

　　不论是从物业管理的概念、任务上理解，还是现阶段物业管理存在的问题分析，都表明物业服务行业要进一步向着健康方向发展，必须明确终极目标是服务于人——业主和使用人。物业管理的服务过程就是沟通的过程，通过与业主沟通交流，了解业主需求和态度，协调各方关系，提出解决问题、改进工作的措施，措施实施并得到业主认可和理解的过程。

　　在这一过程中，物业服务企业与业主交流是否顺畅，与业主关系是否融洽，能否有效地化解矛盾，会直接影响业主感觉中的服务质量，影响业主对物业服务企业的认可。

二、物业服务沟通的内容

物业服务沟通的内容一般包括以下方面。

（1）与建设单位就早期介入、承接查验、物业移交等问题的沟通交流。

（2）与市政公用事业单位、专业服务公司等相关单位和个人的业务沟通交流。

（3）与业主大会和业主委员会关于物业管理事务的沟通交流。

（4）与业主（或物业使用人）的沟通交流，包括物业管理相关法规的宣传与沟通；物业管理服务内容、标准和有关账目的公示与解释；物业管理相关事项、规定和要求的询问与答复；物业管理的投诉受理与处理反馈。

三、物业服务沟通的形式

物业服务企业可以充分利用各种沟通形式，多渠道、多层面地进行有效沟通，把小区物业事务中的矛盾与问题消除在萌芽状态，化解在出现之前，达到优质服务、使业主满意的目的，化不利为有利。沟通开启"问题之门"，沟通架起"心灵之桥"，沟通结出"理解之花"。通常来说，物业服务沟通的形式有下图所示几种。

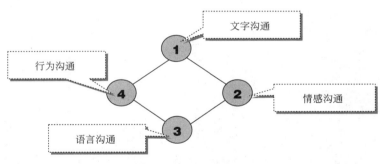

物业服务沟通的形式

（一）文字沟通

文字沟通是通过文字表达的方式给对方传递信息。小区物业事务繁杂，为将小区的重要信息及时传达给小区的业主，物业服务企业应充分利用文字沟通这个有效的基础性沟通方式。

1.及时、清晰地把重要的小区信息通知业主

（1）涉及小区生活的重要事项应在第一时间准确地告知全体业主、住户。如小区停水、停电通知，设施维修前的通知，以及安全防范宣传、生活小常识、温馨提示等物业事务及信息，以文字通知、告示等形式传达。

（2）充分利用各种宣传平台，如宣传横幅、宣传栏、LED屏幕，开展物业基本知识、政策法律法规、社区活动、消防常识等一系列宣传活动，使业主们知悉知晓。

把重要的小区信息通知业主图例

2.定期把小区物业单位的服务与工作情况向业主们进行反馈

由于业主们对小区的物业服务工作，尤其是小区建设、公共设施维修维护等信息了解不够，应增大服务信息的透明度，让小区业主、住户了解物业服务企业都在为他们做些什么，把物业服务的隐性工作告知业主，加深业主对物业服务工作的理解，消除对物业服务企业的误解，获得业主的支持。大部分小区业主与物业服务企业的矛盾都是由信息不对称或理解偏差所引起的，因此，文字沟通的便捷性、直观性应该能有效地消除误解与矛盾，并能得到业主的认可。

（二）情感沟通

情感沟通就是以服务者良好的心态、换位思考的方式、真诚到位的服务，通过温馨的服务过程，拉近与业主的关系，达到双方之间情感的认同。物业服务企业与业主之间应建立起一种融洽的关系，通过热情、周到、细致的服务得到业主认可，激励其参与小区的管理工作，物业服务人员要站在业主的角度进行换位思考，处处为业主着想，拉近与业主的距离，找到共同对话的主题。通过情感沟通，体现"以人为本"的理念，发挥与调动业主们参与小区建设的积极性。物业服务企业也应不断提升自身形象，增强管理人员自身素质，提高办事效率，提供优质、温馨的服务，也可以增强业主对小区的认同感与归属感，提升物业服务的用户满意程度。

祝福的横幅可以拉近与业主的情感

1.组织好小区的业主委员会会议

组织好小区的业主委员会会议是物业服务企业情感沟通的重要手法，认真酝酿会议议题，用好交流对话的平台，主动向业主们汇报小区物业服务工作情况，听取业主们对小区物业服务管理工作的建议和意见，将小区服务工作需要业主们配合和支持的重大事项及时向业主们进行沟通、反馈，消除相互之间存在的理解上的误差和误解，取得业主们的理解和支持。与小区业主开展联谊活动也是促进业主与物业服务企业情感沟通交流的重要渠道。

2.开展丰富多彩、喜闻乐见的社区文化活动

物业服务企业定期组织业主开展丰富多彩、喜闻乐见的社区文化活动，搭建好共建文明小区、构建和谐社区的舞台。安全的家园、优雅的环境、和谐的社区是物业人与业主们共同的目标，业主的期待也就是物业服务企业的奋斗目标。

社区文化活动剪影

3.做好业主回访工作

做好业主回访工作，建立健全业主意见调查和回访制度，虚心听取业主的意见与建议，是物业服务企业与业主情感沟通极其重要的形式。

4.定期进行业主意见调查

物业服务企业应定期组织进行业主意见调查，对回收的调查表进行统计分析，获取业主对小区物业服务的满意率，收集业主对物业服务工作的意见。物业服务企业应针对业主提出的合理化意见与建议，分解到有关部门，尽快解决并反馈给相关业主。对业主的误解，物业服务人员应进行必要的解释，耐心答复。对业主的询问，不能当场解决的，应给予原因说明，做到事事有回应，件件有落实。通过点点滴滴的感情累积，不断加强沟通，有共识点与良好的感情基础，沟通协调自然就更容易了。

（三）语言沟通

语言沟通就是物业服务人员以文明礼貌、规范清晰的语言，以良好的仪容仪表，在服务过程中向服务对象提供诚恳的服务。

语言沟通是物业服务中最常用的沟通方式，也是最容易被忽略与简单对待的问题。

- 在与小区业主的服务沟通中关心他们。
- 遇到业主时，礼貌待人，使用文明用语。
- 遇到业主前来求助或办理其他事务时，热情接待，说好"三声"，即招呼声、询问声、道别声。

这样一方面是对业主的礼貌与尊重，表达了物业服务人员的真诚；另一方面也在提示诚恳服务的存在并时刻准备着为其服务。

在物业服务的过程中，多提倡使用文明用语，在与业主的沟通交流时注意换位思考，尊重对方的表达方式与语言习惯，有效地传递物业服务的有关信息，阐述物业服务企业的观点，同时注意收集业主言语中透露出的服务需求，及时提供业主需要的服务，这样不仅可以拉近与业主之间的情感距离，还能提高物业服务的用户满意率。

（四）行为沟通

行为沟通就是以规范的管理、标准的操作、及时的服务，通过物业服务工作者的专业服务行为来得到业主的理解与尊重。

物业无小事，员工的个体行为代表着企业，物业服务企业员工的优质服务行为能带来对物业服务企业的良好认知。因此，应当让所有员工共同参与小区事务管理，将每项服务的细节做好，把无形的服务变成有形的工作行为并体现在业主面前。

- 当遇到有业主求助时，不推诿、不敷衍，马上处理。
- 业主需要解决困难时，尽最大努力及时解决，急业主之所急，想业主之所想，把麻烦与困难留给自己，将方便、快捷留给业主。
- 创造良好、舒适的小区环境。
- 物业管理人员到小区管理现场巡视小区，接访小区业主，及时了解、发现服务过程中存在的问题。
- 现场虚心听取业主对小区建设和管理的看法、建议，收集业主的合理化意见。
- 对合理化意见应及时采纳和改正，努力满足业主的合理要求，创造更具人性化的居住环境。

通过优质物业服务这种有形的行为沟通，来体现良好的企业形象，无疑会得到广大业主的赞赏与认同，与业主的关系也会更为融洽。

物业管理实践经验深刻揭示：有效沟通是增进信任、化解矛盾、消除误解、解决问题的最佳方法。

第一章
沟通的基础——
良好的礼仪

01

第一节 物业服务礼仪

礼仪是一门综合性较强的行为科学，是指在人际交往中，从始至终地以一定的、约定俗成的程序、方式来表现的律己、敬人的完整行为。

尊重二字，是礼仪之本，也是待人接物的根基，更是物业服务沟通的基础。

一、仪容仪表

仪容仪表通常是指人的外观、外貌。其中的重点，是指人的容貌。在人际交往中，每个人的仪容都会引起交往对象的特别关注，并将影响到对方对自己的整体评价。

（一）制服

（1）上班时间除特殊规定以外必须穿着制服。

（2）制服必须整洁、平整，按制服设计要求系上纽扣，无松脱和掉扣现象。

（3）爱护制服，使之干净无污迹，无破损及补丁。

（4）在工作场所，工作期间应将洁净的工牌端正地佩戴在左胸前，不得任其歪歪扭扭。

（5）在公司或管理处的工作范围内应按规定穿鞋，特殊情况需穿非工作鞋时，应穿和制服颜色相称的皮鞋；不得穿凉鞋、拖鞋或赤脚上班。

 **实例** ▶▶▶ -

某物业公司工装规范

整体要求：员工上班必须穿工装，工装应干净、平整、无污迹、无破损；不可擅自改变工装的穿着形式，不允许自行增加饰物，不允许敞开外衣、卷起裤脚和衣袖；工装外不得显露个人物品，衣、裤口袋整理平整，勿明显鼓起；纽扣须扣好，不应有掉扣；皮鞋洁亮无尘

男管理人员夏装	男管理人员冬装	着装要求
		夏天穿白衬衫、西裤，系领带，衬衫下摆必须扎入裤腰内，领带下端与皮带扣相接为宜 冬天穿西装、白衬衫，西装必须扣上纽扣，内穿"V"领毛衣，要求露出领带

女管理人员夏装	女管理人员冬装	着装要求
		夏天穿短袖上装、西装裙、西裤或短袖套裙；穿肉色丝袜、船形皮鞋，不着响底皮鞋；丝袜不应有脱线，上端不应露出裙摆；系统一丝巾 冬天穿统一西服，内穿马甲，系统一丝巾
维修人员夏装	维修人员冬装	着装要求
		夏天穿统一蓝色短袖装，长裤，黑色皮鞋 冬天穿统一长袖装
绿化、保洁员夏装	绿化、保洁员冬装	着装要求
		按季节要求统一着装，要求服装整洁，除风纪扣外其余扣子均需扣好，禁止穿拖鞋上班

（二）头发的妆饰

头发整洁、发型大方是个人礼仪对发式美的最基本要求。作为客服人员，乌黑亮丽的秀发、端庄文雅的发型，能给客人留下美的感觉，并反映出员工的精神风貌和健康状况。

（1）头发必须常洗并保持整洁，头发的颜色必须是自然色，不准染成其他颜色，不准戴假发。

（2）发式应朴素大方，不得梳理特短或其他怪异发型。

（3）女员工留长发的，超过衣领的长发应整齐地梳成发髻，或以黑色发卡或样式简单的头饰束发；留短发的，肩膀以上的头发应梳理整齐，不得遮住脸；必要时，可用灰黑色发箍及发带束发。

（4）女员工的"刘海"必须整洁，长不可盖过眉毛。

（5）男员工头发的发梢不得超过衣领，鬓角不允许盖过耳朵，不得留大鬓角，不得留胡须。

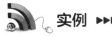 **实例** ▶▶▶ --

某物业公司发型规范

整体要求：头发保持整齐清洁，不得有异味；发型应朴实大方，不烫发、染发或留怪异发型		
		（1）女员工如留长发，应以黑色发网束起，中长发、短发梳到耳后 （2）男员工不得留长发，前发不过眉，侧发不盖耳，后发不触后衣领，禁止剃光头、烫发及留胡须

（三）化妆

化妆不仅是自身仪表美的需要，也是满足顾客审美享受的需要。

（1）女员工上班必须化淡妆（包括腮红、眼影、眉毛、口红以及个人使用的粉底），不得浓妆艳抹。嘴唇的化妆主要是涂口红，以表现口唇的艳丽。口红以红色为主，不准用深褐色、银色等异色。

（2）脸应保持干净、清爽、不油腻。

（3）常修指甲，保持干净和整齐，不得留长指甲。

（4）在指甲上只允许使用无色的指甲油。

（5）男员工除特殊要求外不得化妆。

（6）使用香水时，不准用刺鼻或香味浓异的香水。

（四）首饰

（1）可戴一块手表，但颜色必须朴素大方，不可过于鲜艳。

（2）可戴一枚结婚戒指。

（3）可戴一对钉扣型耳环，式样和颜色不可夸张；不准佩戴吊式耳环。

（4）可以戴项链，但不得显露出来；工作用笔应放在外衣的内口袋里。

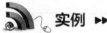 **实例** ▶▶▶

某物业公司化妆、饰品规范

整体要求：不能当众化妆或补妆，补妆要到洗手间或化妆间进行	
	（1）女员工上班应化淡妆，不可浓妆艳抹，不使用气味浓烈的化妆品，使用香水以清雅为主。男员工不得化妆 （2）上班时间一律不允许戴戒指（结婚戒指除外）、项链、耳饰、手镯、手链等饰物

（五）个人卫生

清洁卫生是仪容美的关键，是礼仪的基本要求。不管长相多好，服饰多华贵，若满脸污垢，浑身异味，则必然破坏一个人的美感。因此，每个人都应该养成良好的卫生习惯，做到入睡前和起床后洗脸，勤刷牙，经常洗头和洗澡，讲究梳理，勤更衣。不要在人前"打扫个人卫生"，比如剔牙、掏鼻孔、挖耳屎、修指甲、搓泥垢等，这些行为都应该避开他人进行，否则，不仅不雅观，也不尊重他人。与人谈话时应保持一定距离，声音不要太大，不要对人口沫四溅。

（1）每天洗脚，常剪脚指甲而且袜子要经常换洗，以免产生异味。

（2）常洗头，避免头发油腻和产生头皮。

（3）常剪手指甲，避免过长；不得留长指甲。

（4）每天洗澡，保持身体清洁卫生，无异味。

（5）每天刷牙，饭后漱口，保持口气清新，牙齿洁白无杂物，上班前不吃蒜、韭菜等气味浓烈的食品。

（6）保持整洁、干净、典雅及职业化的外表。

二、举止仪态

员工在工作过程中，应做到举止大方，不卑不亢，优雅自然。

（一）站姿

要求：自然、优美、轻松、挺拔。

要领：站立时身体要求端正、挺拔，重心放在两脚中间，挺胸、收腹，两肩要平并放松，两眼自然平视，嘴微闭，面带笑容。平时双手交叉放在体后，与客人谈话时应上前一步，双手交叉放在体前。

女员工站立时，双脚应呈"V"字形，双膝与脚后跟均应靠紧。男员工站立时，双脚可以呈"V"字形，也可以双脚打开与肩同宽，但应注意不能宽于肩膀。站立时间过长感到疲劳时，可一只脚向后稍移一步，呈休息状态，但上身仍应保持正直。

特别提示

站立时不得东倒西歪、歪脖、斜肩、弓背、O形腿等，也不得靠墙或斜倚在其他支撑物上。

前腹式

丁字式

跨立式　　　　　　　　　　　　　　侧放式（立正）

（二）坐姿

在接待客户时，员工坐姿要求如下。

坐姿要端正稳重，切忌前俯后仰、半坐半躺、上下晃或抖腿，或以手托头，俯伏在桌子上。不论哪种坐姿，女性切忌两腿分开或两脚呈"八"字形，男士双腿可略微分开，但不要超过肩宽。若需侧身说话，不可只转头部，而应上体与腿同时转动，面向对方。

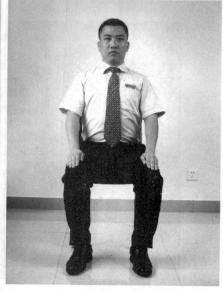

坐姿

（三）走姿

要求：自然大方、充满活力、神采奕奕。

要领：行走时身体重心可稍向前倾，昂首、挺胸、收腹，上体要正直，双目平视，嘴微闭，面露笑容，肩部放松，两臂自然下垂摆动，前后幅度约45度，步幅要始终一致，一般标准是一脚迈出落地后，脚跟离未迈出脚脚尖的距离大约是自己的脚长。行走前进路线，女员工走一字线，双脚脚跟走成一条直线，步子较小，行如和风；男员工行走时双脚脚跟走成两条直线，迈稳健大步。

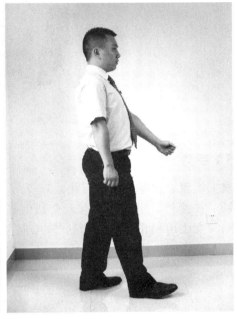

行走时路线一般靠右行，不可走在路中间。行走过程遇客人，应自然注视对方，点头示意并主动让路，不可抢道而行。如有急事需超越时，应先向客人致歉再加快步伐超越，动作不可过猛；在路面较窄的地方遇到客人，应将身体正面转向客人；在来宾面前引导时，应尽量走在宾客的左前方。

特别提示

行走时不能走"内八字"或"外八字"，不应摇头晃脑、左顾右盼、手插口袋、吹口哨、慌张奔跑或与他人勾肩搭背。

（四）蹲姿

要拾取低处物品时不能只弯上身、翘臀部，而应采取正确的蹲姿。下蹲时两腿紧靠，左脚掌基本着地，小腿大致垂直于地面，右脚脚跟提起，脚尖着地，微微屈膝，移低身体重心，直下腰拾取物品。

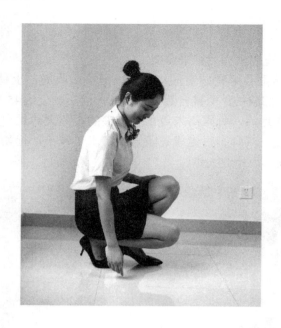

（五）手势

要求：优雅、含蓄、彬彬有礼。

要领：在接待、引路、向客人介绍信息时要使用正确的手势，五指并拢伸直，掌心不可凹陷（女士可稍稍压低食指）。掌心向上，以肘关节为轴。眼望目标指引方向，同时应注意客人是否明确所指引的目标。

指引方向

不得用手指或用手拿着笔等物品为客人指示方向；不得用手指或用笔等物品指向客人；也不可只用食指指指点点，而应采用掌式。

（六）举止

（1）注意举止形象，上班时间不得哼歌曲、吹口哨、跺脚，不得大声说话、喊叫、乱丢乱碰物品、发出不必要的声响，不得随地吐痰，乱扔杂物。

（2）整理个人衣物时应到洗手间或是专用的指定区域，不得当众整理个人衣物或化妆；咳嗽、打喷嚏时应转身向后，并说对不起；不得当众剔牙，确实需要时，应背转身用一只手遮住口腔再进行。

（3）关注客人，及时和到来的客人打招呼，承认他的到来，以表示对客人的尊重；员工在工作、打电话或与人交谈时，如有其他的客人走近，应立即打招呼或点头示意，不准毫无表示或装作没看见。

（4）不要当着客人的面经常看手表。

三、表情

（1）微笑：露齿的微笑是起码应有的表情。

（2）面对客人要表现出热情、亲切、真实、友好，需要时还要有同情的表情；做到精神振奋、情绪饱满、不卑不亢。

（3）和客人交谈时应全神贯注，双眼不时注视对方，适当地点头称是，不得东张西望、心不在焉，不得流露出厌烦、冷淡、愤怒、僵硬、紧张和恐惧的表情，不得忸怩作态、吐舌及故意眨眼；有条件的时候应做随手记录，让客人感觉到你在认真地和他沟通。

微笑能拉近人与人之间的距离

相关知识

微笑的练习

微笑是需要练习的。有的人会说："我不习惯微笑。"习惯从何而来？习惯是慢慢养成的。要改变一个不好的习惯，最好的方式就是去养成一个好的习惯去替换它，要去除不微笑的习惯，就要去养成微笑的习惯，不微笑的这个习惯就会从你身上自然而然地消失。以下阐述一下练习微笑的方法，可据此练习。

1.像"空姐"一样微笑

说"E——"，让嘴的两端朝后缩，微张双唇；轻轻浅笑，减弱"E——"的程度，这时可感觉到颧骨被拉向斜后上方；相同的动作反复几次，直到感觉自然为止。

2.微笑的三结合

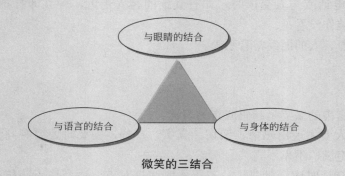

微笑的三结合

（1）与眼睛的结合。

当你在微笑的时候，你的眼睛也要"微笑"，否则，给人的感觉是"皮笑肉不笑"。眼睛会说话，也会笑。如果内心充满温和、善良和厚爱时，那眼睛的笑容一定非常感人。眼睛的笑容有两种：一是"眼形笑"；二是"眼神笑"。

取一张厚纸遮住眼睛下边部位，对着镜子，心里想着最使你高兴的情景。这样，你的整个面部就会露出自然的微笑，这时，你眼睛周围的肌肉也在"微笑"的状态，这是"眼形笑"。然后放松面部肌肉，嘴唇也恢复原样，但目光中仍然含笑脉脉，这就是"眼神笑"的境界。学会用眼神与宾客交流，这样你的微笑才会更传神、更亲切。

（2）与语言的结合。

微笑着说"早上好""您好""欢迎光临"等礼貌用语，不要光笑不说或光说不笑。

（3）与身体的结合。

微笑要与正确的身体语言相结合，才会相得益彰，给宾客以最佳的印象。

3.时时刻刻微笑

学会了如何微笑，作为服务人员的你，应该在生活工作中不断地运用微笑，品味微笑。时刻保持微笑的要点如下。

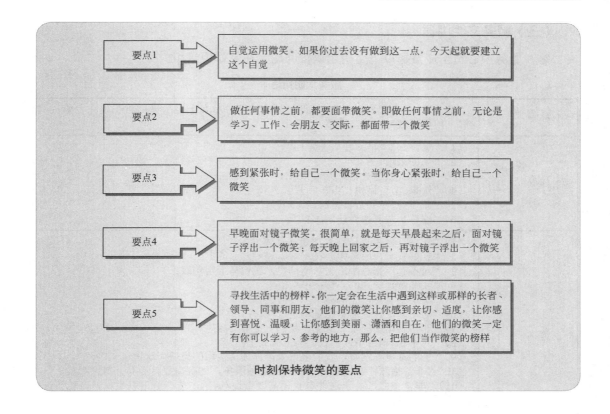

要点1	自觉运用微笑。如果你过去没有做到这一点，今天起就要建立这个自觉
要点2	做任何事情之前，都要面带微笑。即做任何事情之前，无论是学习、工作、会朋友、交际，都面带一个微笑
要点3	感到紧张时，给自己一个微笑。当你身心紧张时，给自己一个微笑
要点4	早晚面对镜子微笑。很简单，就是每天早晨起来之后，面对镜子浮出一个微笑；每天晚上回家之后，再对镜子浮出一个微笑
要点5	寻找生活中的榜样。你一定会在生活中遇到这样或那样的长者、领导、同事和朋友，他们的微笑让你感到亲切、适度，让你感到喜悦、温暖，让你感到美丽、潇洒和自在，他们的微笑一定有你可以学习、参考的地方，那么，把他们当作微笑的榜样

时刻保持微笑的要点

四、言谈及常用语言

（一）言谈的基本要求

（1）声音要自然、清晰、柔和、亲切，不要装腔作势。

（2）声调要有高有低，适合交谈内容的需要，不得让人感受到冷漠和不在意。

（3）声量不要过高或过低，以参与交谈的人都能听得清楚为准。

（4）交谈时，如有三人或三人以上对话，要使用相互都能听得懂的语言。

（5）不准讲粗言，不得使用蔑视和侮辱性的言语，不得模仿他人的语言声调和谈话。

（6）不开过分的玩笑，不得以任何借口顶撞、讽刺和挖苦客人。

（二）对客户服务的语言方式

（1）遇到客户要面带微笑，站立服务。管理处人员应先开口，主动打招呼，称呼要得当，问候语要简单、亲切、热情。对于熟悉的客户要称呼客户姓氏。

（2）与客户对话时宜保持1米左右的距离，要注意使用礼貌用语。

（3）对客户的话要用心倾听，眼睛要平视客户的面部，要等客户把话说完，不要打断客户的讲话，不要有任何不耐烦的表示，要停下手中的工作，眼望着对方，面带微笑。对没听清楚的地方要礼貌地请客户重复一遍。

（4）说话时，特别是客户要求服务时，从言语中要体现出乐意为客户服务，不要表现出厌烦、冷漠、无关痛痒的神态，应说："好的，我马上就来办"或马上安排人员来办。

（三）服务文明用语

客户服务中心员工应掌握以下文明用语，并切实在工作中运用。

服务文明用语

1.称呼	"先生""小姐""女士""小朋友""阿姨"，对女士应尽量称"小姐、大姐或阿姨"（根据区域习俗适当调整）
2.问候	（1）"您好！""早（晚）上好！" （2）"您回来啦！" （3）"您好！欢迎光临！" （4）"周末/节日愉快！" （5）"新年好！""恭喜发财！" （6）"您好！恭喜您乔迁新居！"
3.答询	（1）"您好，××栋请往这边走（具体方向）。" （2）"您好！客户服务中心在××，请往这边走！" （3）"对不起，张总刚出去，请稍候，我们马上帮您联系！" （4）"我非常理解您的心情……" （5）"请不要着急，先喝杯水，慢慢说！" （6）"对不起，您说的意思是不是这样……" （7）"非常感谢您的宝贵意见，我们一定努力改进！" （8）"对不起/请您稍候，我们马上派人上门/现场处理！" （9）"您的意见非常好，我们坐下来再详细谈谈您的想法，这边请！" （10）"非常抱歉，我们暂时未能提供这项服务，如有需要我们马上帮您联系！" （11）"非常抱歉，关于这件事我还需要查询/请示，请您留下联系电话，我咨询/请示后马上给您回复！" （12）"很高兴为您服务/很高兴为您处理这件事情/很高兴能够认识您/很高兴能够听到您的宝贵意见！"
4.解释规劝	（1）"对不起，小区内车位已满，请您将车停到××（必须明确具体位置）。" （2）"对不起月卡车位已满，如有空缺我们马上为您安排！" （3）"对不起，政府规定……谢谢您的理解和支持！" （4）"对不起/非常抱歉，我们在××设置了专门吸烟区，谢谢您的理解/支持/配合！" （5）"您好，这里是公共通道，为了您和他人的生命安全，请您将物品移到室内，谢谢您的支持和配合！" （6）"您好，非常抱歉，此处是消防通道/×××××，为了您和他人的生命安全，请您将车停到××××！" （7）"实在对不起，为了保障全体业户的共同利益，请您多加谅解，谢谢您的理解和支持！" （8）"对不起，公共环境/安全/秩序需要大家共同爱护/遵守/维护，谢谢您的理解/支持/配合！" （9）"对不起，整洁的环境需要我们共同维护，请您把废弃物品投入垃圾桶内，谢谢您的支持和配合！" （10）"麻烦您出示放行条。" （11）"对不起，请您到客户服务中心前台办理放行条。" （12）"对不起，辛苦您多跑一趟。办理放行条是为了全体业户的财产安全，请您多加谅解！" （13）"您好，麻烦为您的狗套上狗绳，谢谢您的支持和配合！" （14）"您好，麻烦您清理狗的粪便，出门遛狗请您带上报纸、垃圾袋。园区的环境需要你我共同维护！" （15）"您好，请看护好您的宠物，以免惊吓他人，谢谢您的支持和配合！" （16）"您好，请到××区域遛狗，这里人较多，以免惊吓/伤害他人，谢谢您的支持和配合！"

续表

5.提醒	（1）"您好！请小心台阶/请小心……" （2）"您好！请注意安全，小心地滑！" （3）"您好，湖边危险，请您不要靠近！" （4）"您好！请锁好车门，贵重物品不要留在车内！" （5）"请坐好扶稳，照看好老人和小孩，车辆马上启动！" （6）"您好！注意安全，请照看好您的孩子/宠物/物品！" （7）"您好，今晚可能有台风/暴雨，请您关好门窗，做好防风/防雨准备！" （8）"我们已经在公告栏张贴了××××，请您留意，如有疑问，欢迎您随时来电咨询！" （9）"对不起，您的银行存折可能余额不足，请您及时补存，谢谢您对我们工作的支持！"
6.道歉	（1）"对不起/非常抱歉/不好意思/请谅解/请多包涵！" （2）"对不起，让您久等了！" （3）"对不起，辛苦您多跑一趟！" （4）"由此给您带来不便我们深表歉意！" （5）"我们的工作还有不周到的地方，请您多多包涵！希望您一如既往地支持我们的工作！"
7.答谢	（1）"谢谢！" （2）"不用谢！" （3）"不客气，这是我们应该做的！" （4）"谢谢您的鼓励/理解/支持/配合！" （5）"谢谢，您的心意我领了，不用客气！" （6）"谢谢，您的心意我领了，如果我接受的话就违反了我们公司的规定！" （7）"感谢您的宝贵意见/建议，希望您一如既往地关注和支持我们的工作！"
8.道别	（1）"欢迎再次光临！" （2）"再见，请慢走。" （3）"这是您的物品，请拿好，再见！" （4）"对不起，耽误您了，请慢走，再见！" （5）"如果您还有其他问题请随时打我的电话，请慢走，再见！"
9.接听电话	（1）"您好，××物业，工号×××为您服务！" （2）"您还需要其他帮助吗？" （3）"请不要着急，您慢慢说！" （4）"您的电话信号可能不好，您的意思是不是这样……" （5）"不好意思，麻烦您稍等，我接一下另外一部电话，先与他打个招呼！" （6）"您好，非常抱歉，我正在接待业户，请您留下电话号码，接待完后我马上回复您！" （7）"感谢您的来电，您反映的问题我们会马上处理并在最短时间回复您，再见！"
10.拨打电话	（1）"您好，××物业，工号×××，请问您是×先生/小姐吗（或×栋×房的业户吗）？" （2）"谢谢您的支持，再见！"
11.资料发放	（1）"这是您的收费单据（×××使用说明书/……），请您收好！" （2）"这是我们公司的有偿维修价目表，请您过目！" （3）"这是装修管理手册/××××，请您收好，如有不明之处，请致电××××咨询！" （4）"为了园区规范管理，我们制定了统一的防盗门（防盗网）款式，但厂家不限，请您留意，谢谢您的配合！" （5）"麻烦您在这里签名，谢谢您的支持！"

12.拜访	（1）"您好，我是客户服务中心×××，这是我的工牌……" （2）"不好意思，打扰您了！" （3）"谢谢您的支持，请留步。" （4）"您好，打扰您了，我现在开始维修？" （5）"您好，我已处理完毕，请您看一看……麻烦您在这里签个字，谢谢您的支持！"
13.盘查	（1）"您好！请问有什么需要帮助？" （2）"您好！请问您到几号楼？" （3）"您好！请问您找哪位？" （4）"对不起，请问您住哪一栋哪一房间？麻烦您出示您的证件，我们需要凭证出入楼栋大堂，谢谢您的配合和支持！"

（四）服务禁语

服务禁语

1.称呼禁语	（1）喂 （2）哎 （3）嘿
2.回答询问禁语	（1）不知道（不清楚） （2）这个不归我管 （3）怎么还问 （4）你有完没完 （5）你去问别人吧 （6）你不能等一下吗 （7）没见我很忙吗 （8）你真烦人 （9）你事真多 （10）你问我，我问谁 （11）不是和你说过了吗 （12）这是规定，难道我会骗你吗 （13）你买房的时候怎么不看好 （14）这是其他部门的事，你找他们吧 （15）这是领导说的，我也没办法
3.收取费用	（1）你该交费了 （2）不交钱停你水电 （3）交没交你自己不清楚吗 （4）你自己不会算呀 （5）我们不会算错的
4.上门服务	（1）修不了 （2）急什么，没看见我正忙吗 （3）修不好就修不好，找谁都一样 （4）我要下班了，明天再来 （5）我们做不了，你自己想办法吧

续表

5.临近上下班	（1）还没上班，待会儿再来 （2）快点，我们要下班了 （3）怎么这么晚，你怎么不早点来 （4）下班了，明天再来
6.受到指责批评时	（1）我就是这样 （2）有意见找我们主管 （3）你爱和谁说和谁说 （4）尽管投诉好了 （5）又不是我让你搬这儿来住的 （6）大不了我不做了，怕什么

五、电话接听礼仪

接听电话的原则：表明身份、表明目的、称呼姓名、仔细聆听、做好记录、重复、道谢/告别。

微笑着接电话

（一）电话接听的程序

电话接听的程序与要求如下表所示。

电话接听的程序与要求

顺序	程序	规范及要求
1	铃响，拿起话筒	（1）接听电话以前必须准备好记录用的纸和笔 （2）迅速调整情绪，保持一个愉悦的心情 （3）拿起话筒以前要把微笑表现在脸上并保持在整个谈话过程中 （4）电话铃响三声以前必须接听；因特别原因超过三次之后才接听电话，应马上致歉："对不起，让您久等了！"
2	首先说明自己的身份，并主动征询客人打电话的目的	（1）"您好，××客户服务中心，有什么可以帮到您吗？（请问您有什么事？）" （2）对于"您好"，可用"早上好、下午好、晚上好、新年好、节日快乐"等词语代替 （3）加强对这一句话的语感训练，使声音听起来自然、流畅、清晰、柔和、富于感情
3	交谈	（1）当听清客人打电话的目的后，要准确迅速地判断客人电话内容是属于哪一方面的 （2）在回答客人的问题前，要及时问询客人姓名："请问您贵姓？"并马上称呼客人的姓氏："您好，×先生……"在以后凡需称呼对方时使用客人的姓氏"×先生……"直到交谈的最后 （3）对不愿告知姓氏的客人，在谈话的适当时机要再次询问"请问您贵姓？"确实不愿告知的，称呼时要使用"您、先生、小姐"，让客人感觉到我们是在专注地和他一个人交流，不得在交谈过程中不称呼客人 （4）熟练掌握与客户服务有关的内容，娴熟地同客人交流 （5）在交谈的同时做好交谈内容的记录 （6）在聆听的时候，要不时地说："好的、是的、我明白、我知道了……"不得长时间一言不发，导致客人认为你心不在焉 （7）在交谈过程中如需要暂时中断谈话，应说："对不起、请稍候、请稍等一下、请稍候半分钟、我接个电话"。当继续谈话时："对不起，让您久等了"，但要切记，不能让正在交谈的客人等候1分钟以上 （8）爽朗的笑声会感染客人，温和的笑声会拉近你和客人的距离
4	记录	（1）如果是属于投诉、建议、请修、不能马上回答的咨询，需请示才能处理的谈话，以及重要的来电，要记录好对方的姓名或姓氏、联系方式、地址、内容及要求 （2）如果是找同事："这里是客户服务中心，请您拨打××××××这个号码可以找到××先生"。如果同事不在："他现在不在，您是否需要留下口信或电话号码？等他一回来，我就通知他。"然后记录下内容并转交给同事 （3）如果碰上了自己的朋友或亲属在上班时间打电话来找自己，要迅速处理："对不起，我现在上班不方便接电话，等我下班后，我立刻和你联系。"不得在上班时间占用客户服务中心的电话长时间做私事
5	结束交谈	（1）重复你所记录的内容，并获得对方的确认："……是这样的吗？"及时修正所记录的内容，并再一次重复，直到它完整地表现客人的意愿 （2）让对方放心："我会尽快处理、我会尽快把这件事向上级汇报……" （3）感谢客人的来电："谢谢您的电话、谢谢您对我们的信任（希望再次接到您的电话）、谢谢您及时地通知我、谢谢您的建议……" （4）收线："愿您周末愉快（再次祝您节日快乐），再见"

（二）接听电话特别注意事项

（1）首先要说明自己的身份。

（2）在交谈过程中要使用清晰、自然的声音，注意音量、音调和语言节奏。

（3）交谈过程中要全神贯注，用心聆听。

（4）询问、记住和使用客人的姓氏。

（5）重复客人的需求内容。

（6）电话结束以前要感谢客人的来电。

（7）在电话交谈中，要使用常用服务用语，不得使用过于口语化的言语。

（8）在交谈中，要善于引导客人的谈话，把握谈话内容的主动权。

（9）每处理一次电话后，要马上总结自己在这次交谈中的不足和好的地方，促使自己接听电话的技术不断提高。

六、引见时的礼仪

到来的客人要与领导见面，通常由工作人员引见、介绍。引见时要注意以下事项。

（1）在引导客人去领导办公室的路途中，工作人员要走在客人左前方数步远的位置，忌把背影留给客人。

（2）在陪同客人去见领导的这段时间内，不要只顾闷头走路，可以随机讲一些得体的话或介绍一下本物业的大概情况。

（3）在进领导办公室之前，要先轻轻叩门，得到允许后方可进入，切不可贸然闯入，叩门时应用手指关节轻叩，不可用力拍打。

（4）进入房间后，应先向领导点头致意，再把客人介绍给领导，介绍时要注意措辞，应用手示意，但不可用手指指着对方。

（5）介绍完毕走出房间时应自然、大方，保持较好的行姿，出门后应回身轻轻把门带上。

第二节 不同岗位的服务礼仪规范

一、业户服务

整体要求：进入工作岗位前必须统一着装，正确佩戴工牌、系工装配饰（发网、丝巾、领带）；进入工作岗位后应迅速备齐办公用品、用具、资料；回顾岗位工作标准要求及各种流程，以平和的心态，精神饱满地迎接业户。

在迎接业户时必须保持规范的礼仪姿态，主动使用标准文明用语迎送业户；工作过程中态度不亢不卑，不急不躁，表情亲切自然，举止文明优雅，处处体现专业素养。

（一）前台

1.接听电话

（1）第一声铃响后才能接听电话，接听之前铃响不得超过三声："您好，××物业（××客户服务中心），工号××为您服务！"

（2）认真聆听并记录电话内容，复述要点，核对记录是否准确，不能打断对方说话。

（3）如有不能马上办理之事，应先记录再向对方致歉："非常抱歉，关于这件事我还需要查询，请您留下联系电话，我咨询后马上给您回复！"

（4）通话结束之前说："感谢您的来电……"，并等待对方先挂电话之后方可挂掉电话。

2.来访接待

（1）当有业户来访时，应面带微笑起身，主动问候："您好！"；业户携带行李、购物袋或笨重的物件时，应主动上前协助或替业户开门。

（2）在接待投诉业户时认真聆听，委婉地探求对方的目的，并做出相应记录，根据业户要求即时联系相关部门处理并跟进处理结果，第一时间反馈业户。

（3）当遇到情绪较为激烈、比较坚持的业户投诉时应细心聆听、全神贯注，如有必要，将其引导至其他办公室，了解其投诉事宜："您的意见非常好，我们坐下来再详细谈谈您的想法，这边请！"如果业户提出的要求无法满足时，不可即时回绝，可以委婉地答复："关于这件事我还需要请示，请您留下联系电话，我请示后马上回复您！"

（4）有业户在场时，不能接听私人电话或旁若无人地大声通电话，确有紧急电话时，先向客人道歉："不好意思，请稍等，我先接个电话！"并迅速小声接听电话，接完后向客人致意："不好意思，让您久等了！"

（5）当业户提出的要求我们不能满足且不在我们的服务范畴内时，礼貌地解释："非常抱歉，我们暂时未提供这项服务，如有需要我们马上帮您联系！"

（6）业户办完事后离开时，应主动起立，微笑示意，并欠身行礼送行："再见，请慢走！"

起身相迎

请客入座

登记来访事宜

礼貌送客

（二）客服专员拜访业户

（1）提前与业户预约，征得业户同意后方可登门拜访。拜访之前，员工应检查仪容仪表、服饰着装是否规范，是否带齐需要使用的各种物品（如给业户的礼物、信件、记录、文件、工具等）。

（2）到达业户门前先按门铃，业户回应时主动礼貌地介绍自己："您好，我是客户服务中心的×××，这是我的工牌，刚与您约好来拜访您！"

（3）得到业户允许进入时，应礼貌致意："不好意思，打扰您了。"套好干净的鞋套或者脱鞋后方可进入。

（4）进门后不可东张西望，经过业户示意后方可落座，保持标准姿势，身体应向业户方向微倾，目视对方，面带微笑地说明来意："×先生/女士，打扰您，我想……"。

（5）交谈时态度不卑不亢，不可触及业户隐私，认真聆听，事情重要时必须做好记录。

（6）出门时应答谢业户，如"谢谢您的支持，请留步！"

入户先敲门

业户回应时主动礼貌介绍自己

（三）销售大厅接待员

接待员面带微笑，以标准站姿迎接业户，关注销售大厅的情况，随时为业户提供服务。

（1）有业户进入销售大厅，主动相迎并问好："您好，欢迎光临"，并行躬身礼。

（2）及时为业户送上茶水，根据天气情况适当调节茶水温度；按照先长后幼、先女后男的顺序递送茶水。如遇业户人较多，直接从最长者处，按顺时针顺序递送。

（3）放置茶水时，左手拿好托盘，右手拿距杯子底部1/3处，放置在业户前方茶几上，注意轻拿轻放。

（4）如果茶几较低，服务员应采用蹲式服务，给业户送水时："您好，打扰您，请喝水！"

（5）在服务过程中，托盘应一直置于手上，不可放置于桌上或者玩耍。

（6）每隔8～10分钟巡视一遍，观察业户有无需求（如换加茶水等）。注意及时清理茶几上的果壳、纸屑等业户使用后的残留物。

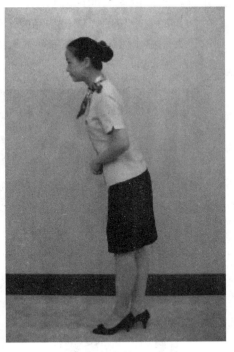

躬身礼

送茶水

蹲式奉茶服务

站式奉茶服务

（四）样板房接待员

接待业户时始终面带微笑，热情、耐心地回答，语言要亲切柔和，切不可生硬。

（1）站立于门口右侧，业户距离2米时，向业户行躬身礼并问好："您好，欢迎光临！"

（2）请业户穿上鞋套进入："您好，麻烦您穿上鞋套！"

（3）如发现业户拍照时，有礼貌地告知对方不能拍照，如"您好，非常抱歉，样板房谢绝拍照，谢谢您的理解和配合！"

（4）如业户使用样板房物品时，可进行委婉制止，如"您好，如果您感到疲惫，可以到销售大厅稍作休息，那里备有茶水供您享用。"语言要委婉、柔和，切不可态度粗暴。

（5）参观业户离开时，行躬身礼："谢谢光临，请慢走，再见！"

待客

迎客

向客户介绍样板间

送客

（五）销售中心门童

（1）以标准站姿迎接业户，在业户距离2米时开始主动问好"您好，欢迎光临！"并行躬身礼，同时目光正视业户面部，面带微笑。

（2）在业户距离两步时主动为业户开门。遇到业户手拿物品不方便时，应主动迎上示意："您好，我来帮您提/搬/拿/推……"等业户示意后方可接触物品。

（3）如需穿鞋套时带领业户走到鞋套机前，引导其穿鞋套："您好，麻烦您穿上鞋套！"

（4）如有业户将车开至大堂入口处时，应主动为业户开启车门问好："您好，欢迎光临！"并示意司机将车开到停车处。

（5）业户离开时，提醒业户脱下鞋套并放到指定位置："您好，请您把鞋套放在鞋套篓内。"语气要柔和，不可生硬，并要伴随指引的动作。送行时行躬身礼并道别"谢谢光临，请慢走！"

（六）样板房门童

（1）以标准站姿迎接业户，在业户距离2米时目光正视业户，面带微笑，主动问好："您好，欢迎光临！"行躬身礼。

（2）带领业户走到鞋套机前，引导其穿鞋套并招呼："您好，请您穿鞋套。"

（3）遇到老人或小孩，以及不会使用鞋套机的业户，应主动以半蹲姿势帮助指引。

（4）业户进电梯时，站立于电梯门右侧，右手掌心朝向电梯门框方向挡住电梯门。

（5）业户出来时，提醒业户脱下鞋套并放到指定位置："您好，请把鞋套放在鞋套篓内。"语气要柔和，不可生硬，并要伴随指引的动作。

（6）业户离开时，行躬身礼并道别："谢谢光临，请慢走，再见！"

（七）电瓶车司机

1.候客

（1）当接到工作安排时，应提前将电瓶车在指定地点就近停稳。

（2）司机用标准站姿站在电瓶车驾驶座一侧，面带微笑等候业户。

2.引导上车

（1）业户行到2米时，用标准姿势指引业户上车并问候："您好，请上车！"

（2）礼貌询问业户目的地："您好，请问您到哪里？"

3.启动

车辆启动前，司机应稍侧身礼貌地提醒："您好，请坐好扶稳，照看好老人和小孩，车辆马上启动！"

4.行进

在行车途中，若有乘客将头、手伸出车外，应礼貌劝阻并提醒乘客注意安全："请勿将头、手伸出车外，注意安全。"行车途中，不得主动与乘客聊天，不得打听乘客情况；乘客谈话时，不得插话；乘客若需咨询，回答应清晰、简洁。

5. 下车

（1）到达目的地，应将电瓶车就近靠边停稳，引导并照顾乘客下车，提醒乘客清点随身物品并道别："请带齐您的随身物品，再见！"

（2）如业户对现场环境不熟悉，应主动指引方向："您好！销售中心请往这边走！再见！"

（3）司机不允许中途下车送客，到达终点站送最后一批客人，司机应主动下车示意。

（八）收费员

1. 前台

（1）业户来交费时，应站立欠身、微笑询问业户："您好，请问您住哪个单元？"

（2）查询出业户应缴费用并核对业户信息后，告知业户："您好，您应缴费用总额为××元。"

（3）业户缴费时唱收唱付，收到款时向业户确认："您好，收您××元！"办完手续后将单据和找零双手递交业户："您好，收您××元，找零××元，这是您的收费单据和零钱，请您收好！"

（4）业户离开时应道别："请带齐您的随身物品，请慢走，再见！"。

2. 车场

协助业户刷卡进出，临时卡刷卡时显示的收费金额应告知业户："您好，您从××时到××时停车××小时，共××元。"

业户缴纳现金时唱收唱付："收您××元，找零××元，请收好！"然后放行道别："请慢走，一路平安！"

二、工程维修服务礼仪规范

（一）整体要求

工作时间穿工装，工具包统一挎在右肩，工具包内工具、资料齐全，干净无污渍，携带干净的工作布、专用鞋或鞋套。公共区域作业时，施工区域做好围蔽和明显的警示标识。严禁酒后、不穿工装、衣装不整以及穿拖鞋、短裤或背心上门服务。

接到维修指令后5分钟内到达维修现场，请业户在《维修调度单》上签认到场时间。到达现场后30分钟内必须开始施工，维修结束前不得撤离现场。工程进行中确需离开现场时，必须得到业户同意后方可离开，并必须在约定的时间内继续到现场完成该项工作。

（二）具体要求

（1）在上门维修施工时，根据规范要求敲门，业户开门后主动介绍身份："您好，我是工程部的×××，这是我的工牌，现在维修×××，方便吗？"

（2）征得业户同意后，进门先穿上鞋套，对维修项目进行初步检查和判断，确认故障原因并征询业户意见。

（3）质保期范围之内的维修："您好，打扰您了，现在开始维修？"如属于有偿服务的："您好，维修项目×××已经过了质保期（或属于有偿服务范围），这是我们公司的有偿维修价目表，请您过目！"

（4）动工前做好家私保护措施，放置工具时须先铺好保护垫。维修完毕后，清理施工垃圾，清洁现场，恢复现场原貌。

（5）维修完成后请业户确认："您好，我已处理完毕，请您看一看……麻烦您在这里签个字，谢谢！"

（6）离开时与业户道别："您如果还有其他问题请随时打客户服务中心电话，打扰您了，再见！"

工程维修服务礼仪图示

三、秩序维护岗位服务礼仪规范

整体要求：值勤时精神饱满，与业户接触必须先敬礼问好，动作标准、干脆有力，时刻体现××物业保安"威武之师、文明之师"的精神风貌。任何时候都不允许态度粗鲁，严禁有刁难、推拉和打骂人的行为发生。

（一）形象岗

1.岗位执勤

（1）在岗位上立正姿势站立，按纠察队员着装标准要求着装。

（2）业户行到3米距离时，向业户方向转体45度敬礼。

（3）业户过去后，转体45度恢复到立正站姿。

立正姿势站立

2.交接班

（1）接岗时必须于形象岗正中约7步距离的位置接岗。

（2）接岗时交接岗双方同时敬礼，礼毕后同时向右侧跨一小步，两人同时正步走7步交接岗位，转体互相敬礼，待形象岗礼毕后方可按原路线返回。

交接班

（二）大门岗

1.物品放行

（1）业户搬运大件物资（物品）出小区时，先敬礼，主动招呼："您好，麻烦您出示放行条！"

（2）如没有规定的放行手续时，态度和蔼，认真解释："对不起，请您到客户服务中心前台办理放行条。"

（3）如对方不理解，应耐心规劝："实在对不起，辛苦您多跑一趟。办理放行条是为了全体业户的财产安全，请您多加谅解！"

（4）放行时主动告别："感谢您的支持和配合，请慢走！"

2.业户求助

（1）遇业户咨询问题时，先走下执勤岗位，向业户敬礼："您好！请问有什么需要帮助？"

（2）仔细聆听业户提出的要求，及时按相关规定做出反应和回答。聆听过程中表情要专注，解答时态度要诚恳，解答用语要规范、准确、简洁，姿态自然。

（3）在解答完业户的问题后，应指引业户要去的方向："您好，×××在×××，请往这边走！"

（4）业户感谢时应答谢："不客气，这是我们应该做的！"

（5）阻止超大型货车驶入小区时，先做禁止通行手势，说明小区规定、不准驶入理由，请求理解、支持和配合："您好，超重大型货车进入小区会损坏小区路面并阻碍其他车辆通行，请停到对面停车场。谢谢您的理解和配合！"

（三）巡逻岗

（1）巡逻岗秩序维护员在流动值勤中，按两人成行、三人成列的规定列队，齐步行走，步伐稳重，步调一致。

三人巡逻

（2）在巡逻过程中，对讲机不用时应挂于右腰际，领队左手携带记录本，巡逻时精神饱满，行走自然大方。

（3）骑车巡逻检查工作时姿态端正，车速不超过15千米/小时，当行到岗位区域时，减速慢行至岗位一侧，停好车，下车进行巡查督导工作。

（4）巡逻过程中遇到陌生人进入小区时，先敬礼后询问："您好！请问有什么需要帮助？"并对其有效证件进行登记，如对方不能出示有效证件，询问其是否有预约，巡逻队员与预约的业户取得联系并征得同意后指引前往："您好，××栋请往这边走，再见！"

（四）停车场岗

（1）凡进入停车场的车辆，应主动示意指挥。对可进入停放的车辆，指示通行；如有车主停车咨询，先敬礼后询问："您好，欢迎光临！请问有什么需要帮助？"

（2）停车场车位已满时，对禁入的车辆应作解释："您好，小区内车位已满，请将车停到×××（必须明确具体位置），谢谢您的支持和配合！"

（3）指挥车辆停放时应快步走到可停放的车位位置，迅速站在停车位画线的左后角，以方便车辆驾驶员在后视镜看到为宜，分别使用倒车、向左、向右、停车等手势指挥车辆正确停放在停车位内。

（4）指挥车辆时手势要标准，动作干脆有力，站位要正确。口令声音洪亮、准确、简洁。

（5）车辆停稳后，主动帮业户开车门。开车门时左脚在前，侧身站立，右手拉开车门，左手搭在车门上方，目视左手位置。业户下车后问候并提醒："您好！请锁好车，贵重物品不要留在车内。"

停车场秩序维护服务

（五）园区执勤岗

1.盘查

（1）遇到可疑陌生人时先冷静观察，盘查时先上前敬礼致意："您好！请问有什么需要帮助？""您好，请问您到几号楼？""您好，请问您找哪位？"

（2）遇到嫌疑较大、坚持不回应的陌生人应敬礼致意："对不起，请问您住哪一栋哪一房间？麻烦您出示您的证件，我们需要凭证出入楼栋大堂，谢谢您的配合和支持！"

（3）如对方态度恶劣，应耐心规劝，使其知晓园区管理的有关规定和事项。如对方不听劝阻，应马上通知中队长来处理。不可急躁，不允许与其争吵。

（4）被查对方如有不满表示，应解释说："实在对不起，为了保障园区业户的共同利益，请您多加谅解，谢谢您的理解和支持！"

（5）盘问后应敬礼、道歉示意："对不起，耽误您了，请慢走，再见！"经查证无误后，如对方有需要，应示意前往方向："您好，××栋请往这边走！"

2.规劝、制止

（1）遇到有业户违反规定时，要保持冷静，首先上前敬礼，用礼貌用语对业户进行规劝，如下所示。

"对不起，我们在××设置了专门吸烟区，谢谢您的支持和配合！"

"对不起，整洁的环境需要我们共同维护，请您把废弃物品投入垃圾桶内，谢谢您的支持和配合！"

"您好，请看护好您的宠物，以免惊吓他人！"

"您好，非常抱歉，此处为消防通道，为了您和他人的生命安全，请您将车停到××××。"

（2）对方如有不满表示，应敬礼解释说："实在对不起，为了保障全体业户的共同利益，请您多加谅解，谢谢您的理解和支持！"

四、绿化、保洁岗服务礼仪规范

整体要求：浇灌、消杀等对业户有影响的作业一定在显眼位置设置相关提醒或警示等标识，提请业户注意；垃圾须及时清理，不允许堆放在影响观瞻的位置；工具摆放整齐有序，严禁随意放置；工装保持干净，注意个人卫生。

（一）绿化员

（1）有业户路过，及时停止工作并让路，点头致意或问好："您好！"如场地有正在清理的枯枝等物，及时提醒业户："您好，请小心，注意安全！"

（2）进行消杀作业时，如业户询问，应做好相关解释并提醒："您好！请勿靠近，注意安全！"

（3）在浇灌时如有业户过往，立即将水管避向一边，以免将水溅到业户身上或影响业户行走。

浇灌

（二）保洁员

（1）清洁时，随身配备的清洁工具不可随意放置，要求放置在可视的10米范围内。

（2）在作业时，遇到有业户经过，立即暂停手中的工作，将工具收在自己身前；站立一旁，微笑欠身致意："您好！"待业户走过后继续作业。

（3）若与业户迎面相对，则应主动侧身给业户让路并欠身致意问好："您好！"

（4）若有碍他人行走时，要使用敬语示意："您好，请注意安全，小心地滑！""请这边走！""谢谢！"

（5）进行在拖地、清洁卫生间等作业时，若有业户经过，应提醒业户注意和小心："您好，请注意安全，小心地滑！"

清洁工具在可视的10米范围内

业户经过时提醒业户注意和小心

第二章
物业服务沟通技巧

02

运用行之有效的沟通技巧，实施积极有效的人际沟通，能够把优质的服务落到实处，减少物业管理实践中的冲突和纠纷，提高物业管理满意度，促进整个行业健康有序的发展。

第一节 沟通概述

一、沟通的定义

沟通是人与人之间、人与群体之间思想与感情的传递和反馈的过程，以求思想达成一致和感情的通畅。有效的沟通，是通过听、说、读、写等思维载体，通过演讲、会见、对话、讨论、网络等方式准确恰当地表达出来，以促使对方接受。沟通的过程如下图所示。

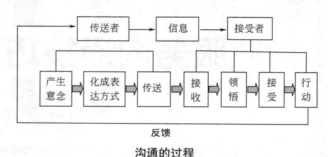

沟通的过程

人与人的沟通过程包括输出者、接受者、信息、沟通渠道四个主要因素，如下图所示。

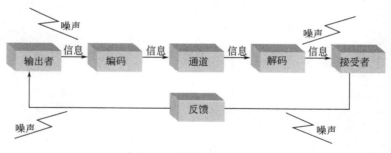

沟通过程中的四个主要因素

（一）输出者

信息的输出者就是信息的来源，他必须充分了解接受者的情况，以选择合适的沟通渠道从而有利于接受者的理解。要顺利完成信息的输出，必须对编码（encoding）和解码（decoding）两个概念有一个基本的了解。编码是指将想法、认识及感觉转化成信息的过程。解码是指信息的接受者将信息转换为自己的想法或感觉。

在从事编码的过程中，注意下图所示几个方面有利于提高编码的正确性。

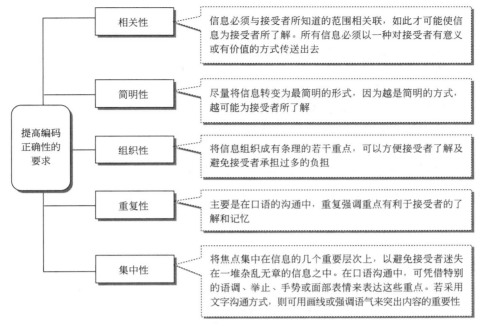

提高编码正确性的要求

（二）接受者

接受者是指获得信息的人。接受者必须从事信息解码的工作，即将信息转化为他所能了解的想法和感受。这一过程会受到接受者的经验、知识、才能、个人素质以及对信息输出者的期望等因素的影响。

（三）信息

信息是指在沟通过程中传给接受者（包括口语和非口语）的消息，同样的信息，输出者和接受者可能有着不同的理解，这可能是输出者和接受者的差异造成的，也可能是由于输出者传送了过多的不必要信息。

（四）沟通渠道

沟通渠道是信息得以传送的载体，可分为正式或非正式的沟通渠道、向下沟通渠道、向上沟通渠道、水平沟通渠道。

二、沟通的作用

为什么要沟通？这个问题乍听起来，好像问别人"为什么要吃饭"或"为什么要睡觉"一样。吃饭是因为饥饿，睡觉是因为困倦。同样，对于我们来说，沟通是一种自然而然的、必需的、无所不在的活动。

通过沟通可以交流信息和获得感情与思想。在人们工作、娱乐、居家、买卖时，或者希望与一些人的关系更加稳固和持久时，都要通过交流、合作、达成协议来达到目的。

在沟通过程中，人们分享、披露、接受信息，根据沟通信息的内容，可分为事实、情感、价值取向、意见观点；根据沟通的目的可分为交流、劝说、教授、谈判、命令等。

综上所述，沟通的主要作用有如下两个。

（一）传递和获得信息

信息的采集、传送、整理、交换，无一不是沟通的过程。通过沟通，交换有意义、有价值的各种信息，生活中的大小事务才得以开展。

掌握低成本的沟通技巧、了解如何有效地传递信息能提高人的办事效率，而积极地获得信息更会提高人的竞争优势。好的沟通者可以一直保持注意力，随时抓住内容重点，找出所需要的重要信息。他们能更透彻地了解信息内容，拥有最佳的工作效率，并节省时间与精力，获得更高的生产力。

（二）改善人际关系

社会是由人们互相沟通所维持的关系组成的网，人们相互交流是因为需要同周围的社会环境相联系。

沟通与人际关系两者相互促进、相互影响。有效的沟通可以赢得和谐的人际关系，而和谐的人际关系又使沟通更加顺畅；相反，人际关系不良会使沟通难以开展，而不恰当的沟通又会使人际关系变得更坏。

测测你的沟通能力

1.你的上司的上司邀请你共进午餐，回到办公室，你发现你的上司颇为好奇，此时你会：

A.告诉他详细内容

B.不透露蛛丝马迹

C.粗略描述，淡化内容的重要性

2.当你主持会议时，有一位下属一直以不相干的问题干扰会议，此时你会：

A.要求所有的下属先别提出问题，直到你把正题讲完

B.纵容下去

C.告诉该下属在预定的议程之前先别提出别的问题

3.当你跟上司正在讨论事情，有人打长途电话来找你，此时你会：

A.接电话，而且说了很久

B.拒绝接听电话

C.告诉对方你在开会，待会再回电话

4.有位员工连续四次在周末向你要求他想提早下班，此时你会说：

A.今天不行，下午四点我要开个会

B.我不能再允许你早退了，你要顾及他人的想法

C.你对我们相当重要，我需要你的帮助，特别是在周末

5.你刚好被聘为某部门主管，你知道还有几个人关注着这个职位，上班的第一天，你会：

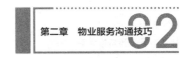

A.把问题记在心上，但立即投入工作，并开始认识每一个人

B.找个别人谈话以确认哪几个人有意竞争职位

C.忽略这个问题，并认为情绪的波动很快会过去

6.有位下属对你说："有件事我本不应告诉你的，但你有没有听到……"你会说：

A.跟公司有关的事我才有兴趣听

B.谢谢你告诉我怎么回事，让我知道详情

C.我不想听办公室的流言

说明：A，1分；B，0分；C，2分。

0～2分为较低，3～4分为中等，5～6分为较高；分数越高，表明你的沟通技能越好。

三、沟通的分类及要点

（一）按照功能划分

按照功能不同，沟通可以分为工具式沟通和情感式沟通，如下图所示。

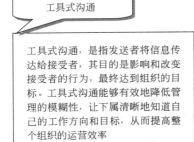

工具式沟通

工具式沟通，是指发送者将信息传达给接受者，其目的是影响和改变接受者的行为，最终达到组织的目标。工具式沟通能够有效地降低管理的模糊性，让下属清晰地知道自己的工作方向和目标，从而提高整个组织的运营效率

情感式沟通

情感式沟通，是指沟通双方表达情感，获得对方精神上的同情和谅解，最终改善相互间的关系。情感式沟通是组织的"润滑剂"，通过情感式沟通，员工和管理者之间能够产生情感上的共鸣，容易让员工产生归属感，激发员工的士气，增强组织的凝聚力

按照功能划分的沟通类型

（二）按照沟通方式划分

按照沟通方式不同，可以分为四种类型，如下图所示。

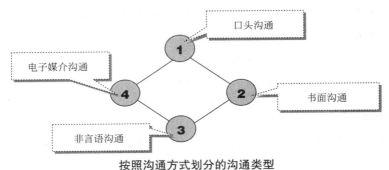

口头沟通 1

电子媒介沟通 4

书面沟通 2

非言语沟通 3

按照沟通方式划分的沟通类型

1. 口头沟通

口头沟通是最常见的交流方式。它包括演说、正式的一对一的讨论或小组讨论、非正式讨论以及传闻或者小道消息的传播等。

口头沟通的优点是快速传递和快速反馈。它的另一大优点是可以让信息发送者和接受者直接交流，有助于双方对信息的深层次、感性化的理解。

口头沟通的缺点是随着传播链条的加长，信息失真现象会越来越明显。所以，重大决策不适合以口头方式进行传递。

2. 书面沟通

书面沟通包括备忘录、信件、组织内部发行的期刊、布告栏、传单以及其他任何传递书面文字或符号的手段。

书面沟通的最大优点在于它持久、有形、可以核实。在复杂的需要长时间沟通的情况下，书面沟通尤为重要。书面沟通的另一个优点是其信息量完整、系统，可以供发布信息的人和接受信息的人共同思考。

书面沟通也有缺陷，比如，耗时较多。书面沟通的另一个缺点是其缺乏反馈，影响沟通的效果。

关于 5 月 24 日停水清洗供水池的通知

深福物全海[2017]50 号

尊敬的业主（住户）：

为保证居民的生活用水质量，按《深圳经济特区城市供水用水条例》规定，高层住宅小区的公共蓄水池需定期进行全面清洗和消毒，防止水质二次污染。管理处拟定于 <u>2017 年 5 月 24 日（周三）15：00 ～ 19：00</u> 对小区公共蓄水池进行清洗，<u>在此时间段将暂停各单元 5 层以上的供水。</u>由于本小区公共蓄水池的排水及供水的速度较慢，所需时间较长，敬请业主（住户）提前做好储水准备。如有急需，可至每单元首层的清洁操作间内取水，若有需要亦可致电管理处为您提供取水服务。供水时间视清洗水池情况提前或延迟，敬请各位业主（住户）出门前检查家中水龙头是否处于关闭状态。

另：进行水池清洗时，需投放水务主管部门和卫生防疫部门指定的消毒剂进行消毒，因此，恢复供水后一周内，请饲养金鱼等鱼类的住户勿使用自来水养鱼，以免受到影响，但对人体无害，请放心使用。

由此给您带来不便，敬请谅解！

书面沟通

3. 非语言沟通

非语言沟通是指通过人的动作和行为来传达信息的沟通方式。它主要包括身体语言和语气语调等。

非语言沟通是相对于语言沟通而言的，是指通过身体动作、体态、语气语调、空间距离等方式交流信息、进行沟通的过程。在沟通中，信息的内容部分往往通过语言来表达，而非语言则作为提供解释内容的框架，来表达信息的相关部分。因此非语言沟通常被错误地认为是辅助性或支持性角色。非语言沟通的方式如下图所示。

手势语言	如聋哑人的手语、旗语、交通警察的指挥手势、裁判的手势，以及人们惯用的一些表意手势，如"OK"和胜利的"V"等
动作语言	例如，饭桌上的吃相能反映出一个人的修养；一位顾客在排队，他不停地把口袋里的硬币弄得叮当响，这清楚地表明他很着急。在柜台前，将物品拿起又放下，显示出他拿不定主意
物体语言	总把办公物品摆放很整齐的人，能看出他是个干净利落、讲效率的人；穿衣追求质地，不跟随时尚，这样的人一定有品位、有档次

非语言沟通的方式

4.电子媒介沟通

电子媒介沟通包括电子邮件沟通、电话沟通、闭路电视沟通、双向视频沟通、传真机沟通、微信群沟通等。

电子显示屏沟通

（三）按照组织系统划分

按照组织系统不同，可以分为正式沟通和非正式沟通。

1.正式沟通

正式沟通是指按照组织明文规定的原则、方式进行的信息传递与交流。如组织内的文件传达、定期召开的会议、上下级之间的定期汇报以及组织间的公函来往等。

正式沟通通常在组织的层次系统内进行，约束力强，能保证有关人员或部门按时、按量得到规定的信息，严肃，有利于保密。

正式沟通的主要缺点是信息在沟通链条上层层传递，可能造成信息失真，同时不利于横向沟通。

正式沟通模式有五种，即链式、环式、轮盘式、Y式和全通道式，如下图所示。

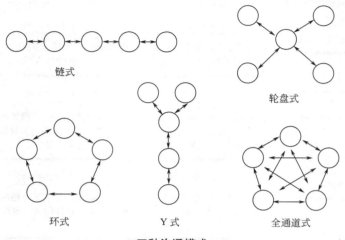

五种沟通模式

五种沟通模式的特点如下表所示。

五种沟通模式的特点

序号	沟通模式	特点
1	链式沟通	这种沟通模式发生在一种直线型、五级层级的结构中，这种模式下，信息层层传递，路线长，速度慢，且容易发生信息的过滤、篡改和失真
2	环式沟通	在这种模式下，沟通只能发生在相邻的成员之间，即沟通只能在同部门成员之间或直接上下级之间进行，不能跨部门沟通，也不能越级沟通。在这种沟通模式下，组织成员往往可以达到比较一致的满意度。但由于信息是层层传递的，因此速度慢且容易失真
3	轮盘式沟通	在这种沟通模式下，四个下属都向同一个上级报告，但四个下属之间不能沟通。这种模式结构层次少，信息传递速度快且不易发生失真，组织集中度高；但因每个人可以沟通的渠道只有一个（领导者除外），因此成员满意度较低，组织士气低落
4	Y式沟通	这是一个有四个层级的组织结构。在这种模式下，信息层层传达，速度较慢且容易失真。这种组织的权力集中度高，解决问题速度快，但成员士气一般
5	全通道式沟通	在这种沟通模式下，每一个组织成员可以自由地与其他成员沟通，因此沟通速度快。但由于沟通渠道太多，易造成混乱并降低传递信息的准确度。这种沟通模式下，组织集中化程度低，成员士气旺盛，适合人才聚集的高新技术企业

2.非正式沟通

非正式沟通是以非正式组织系统或个人为渠道的信息沟通。这种沟通是在正式渠道之外进行的信息交流，传递和分享组织正式活动之外的"非官方"信息。非正式沟通网络构成了组织中重要的消息通道。例如，员工间私下交换意见，议论某人某事以及传播小道消息等都是非正式沟通的行为。

非正式沟通渠道的作用与缺点如下图所示。

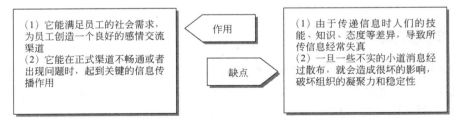

非正式沟通渠道的作用与缺点

常见的非正式沟通有小道消息、"铁哥们儿网络"等，如下图所示。

常见的非正式沟通方式

（四）按照沟通方向划分

按照沟通方向不同，可以将沟通分为下行沟通、上行沟通和平行沟通，如下图所示。

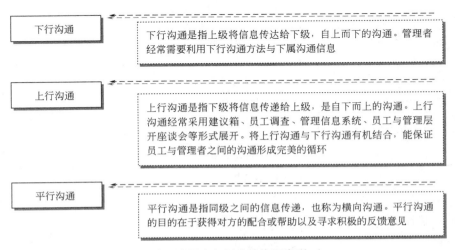

按照沟通方向划分的沟通类型

第二节　如何进行有效沟通

一、有效沟通的障碍

有的人为不善言辞、不会讲话而烦恼，因为常常会沟通不畅；但健谈的人也未必就是沟通高手。若只喋喋不休易引起反感，沟通也会有障碍；而不善表达者，若抓住了重点，掌握一些技巧，沟通也会出奇制胜。具体如下图所示。

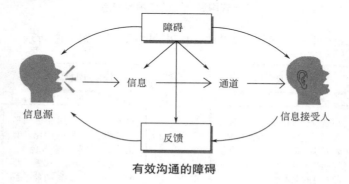

有效沟通的障碍

常见的沟通障碍一般来自三个方面，即传送方的问题、传送方式的问题及接受方的问题，如下表所示。

沟通的主要障碍

障碍来源	主要障碍
传送方	（1）用词错误，词不达意 （2）咬文嚼字，过于啰唆 （3）不善言辞，口齿不清 （4）只要求别人听自己的 （5）态度不正确 （6）对接受方反应不灵敏
传送方式	（1）经过他人传递而误会 （2）环境选择不当 （3）沟通时机不当 （4）有人破坏、挑衅
接收方	（1）听不清楚 （2）只听自己喜欢的部分 （3）偏见 （4）光环效应 （5）情绪不佳 （6）没有注意言外之意

二、特殊的沟通技能：倾听

一个在飞机上遭遇惊险却大难不死的美国人回家反而自杀了，原因何在？

那是一个圣诞节，一名美国男子为了和家人团聚，兴冲冲地从异地乘飞机往家赶。一路上幻想着团聚的喜悦情景。恰恰天气突变，这架飞机在空中遭遇猛烈的暴风雨，飞机脱离航线，上下左右颠簸，随时随地有坠毁的可能。空姐也脸色煞白，惊恐万状地吩咐乘客写好遗嘱，放进一个特制的口袋。这时，飞机上所有人都在祈祷，也就是在这万分危急的时刻，飞机在驾驶员的冷静驾驶下终于平安着陆，于是大家都松了口气。

这个美国男子回到家后异常兴奋，不停地向妻子描述飞机上遇到的险情，并且满屋子转着、叫着、喊着……然而，他的妻子正和孩子兴致勃勃地分享着节日的愉悦，对他经历的惊险没有丝毫兴趣，该男子叫喊了一阵，却发现没有人听他倾诉，他死里逃生的巨大喜悦与被冷落的心情形成强烈的反差，在他妻子去准备蛋糕的时候，这名美国男子却爬到阁楼上，用上吊这种古老的方式结束了从险情中捡回的宝贵生命。

心理学研究表明，人在内心深处，都有一种渴望得到别人尊重的愿望。倾听是一项技巧，是一种修养，甚至是一门艺术。学会倾听应该成为每个渴望事业有成的人的一种责任、一种追求、一种职业自觉，倾听也是管理人员必不可缺的素质之一。

很多管理人员都不乏这样的经历，感到自己受到不公平待遇的员工愤愤不平地找你评理，你不需要跟他讲理，你只需认真地听他倾诉，让他把情绪宣泄出来，表达他的不满。当他倾诉完时，心情就会平静许多，然后，问题很可能自己就解决了。甚至根本不需你做出什么决定来解决此事。

倾听对管理人员至关重要。当员工明白自己谈话的对象是一个倾听者而不是一个等着做出判断的主管时，他们会不隐瞒地给出建议，分享情感。这样，主管和员工之间能创造性地解决问题，而不是互相推诿、指责。

那如何运用这项技能呢？具体如下图所示。

技能一	主动
如果你不愿意尽力去听和理解，那就没有别的办法可以改进倾听效果了。正如我们前面提到的：积极倾听是件累人的工作，所以要想成为有效的倾听者，第一步就是愿意努力	

技能二	进行目光接触
在你讲话的时候人们不看你，你会是什么感觉？大部分人会认为这表示冷淡和不感兴趣，有一句讽刺性的话说得很好："当你用耳朵去听时，人们却通过看你的眼睛来判断你是否在听。"通过与讲话者进行目光接触来集中你的注意力，降低分神的可能性，同时也鼓励讲话者	

技能三	表现出感兴趣
通过非言语信号，在眼神接触时坚定地点头，适当的面部表情等表示了你正在专心地倾听	

技能四 ▷ 避免分神行为

不要做出一些暗示你正在思考其他事情的动作，在你听的时候不要有看表、翻动文件、玩弄你手中的笔或其他类似的分神动作，这样讲话者会认为你觉得他的讲话内容无聊或无趣。或许更重要的是，这些动作表明你没有全神贯注地倾听，而且可能漏掉了部分信息

技能五 ▷ 表现关注

将自己置于听者的位置来理解讲话者的所看、所感，然而不要将你自己的要求和意愿反映到讲话者身上。当你那样做时，你可能会只去听你想听的那部分。反过来，应该问问自己：这个讲话者是谁？他从哪儿来？他的态度、兴趣、经历、需要和期望又是什么呢

技能六 ▷ 把握整体

像解读实际内容那样去解释感觉和情绪，如果你只听词语而忽视其他声音信息和非言语信号，你将漏掉很多细微信息

技能七 ▷ 提问

分析自己所听到的内容，并且提问，通过提问澄清所讲内容，以确保理解内容，并向演讲者表明你正在倾听

技能八 ▷ 解释

用自己的语言复述所讲内容，用"我听你这样说……""你的意思是不是……"此类语句复述

技能九 ▷ 不要插嘴

在你回答之前，让讲话者将他的思想表达完毕，不要试图去揣测讲话者的思路，当他说完你就知道了

技能十 ▷ 整合所讲内容

在听时利用空闲时间来更好地理解讲话者的思想。不要将每一条信息都作为一个独立的部分，而应将这些片断串联起来，将信息的每一部分都看作是难题的附加，等讲话者说完时，你将得到 10 条综合的信息而不是 10 条互不相关的信息。如果没有达到这种效果，你就应该问一些能填补这些空白的问题

技能十一 不要讲话太多

大部分人都喜欢表达自己的看法，而不愿听其他人说。大多数人倾听只是为了获得一个说的机会，因为谈论更有趣，沉默则令人不适。你无法同时听和说，好的倾听者意识到这点，不会说得太多

技能十二 让讲话者和倾听者间的转换更流畅一些

在很多工作环境中，你需要不断地在讲话者和倾听者两个角色之间转来转去。从倾听者的角度来说，你应该关注讲话者所说的内容，在获得发言机会前不要总是去斟酌你的讲话内容

倾听的技能

三、沟通中的反馈技巧

反馈有正面和负面。正面反馈通常会很顺利也会受到欢迎，负面反馈则大不相同。和大部分人一样，管理人员也不喜欢传递糟糕的消息，他们害怕员工们的抵触情绪却又必须得去处理这种情绪，结果管理人员常常避免、推迟或歪曲负面反馈。

（一）正面反馈和负面反馈的差异

正面反馈比负面反馈更容易接受、更准确，而且正面反馈几乎被全部接受，负面反馈常常遭到抵制，为什么？从表面上看是因为人们喜欢听好消息而不喜欢听坏消息，正面反馈刚好符合人们喜欢听好消息，并自信能达到好结果的心理。

那么这是不是意味着管理人员应该避免负面反馈？当然不是，你应该注意到这些潜在的抵制性，要学着去选择最容易接受负面反馈的环境来实施这种反馈。也就是说当负面反馈是由一些硬数据（数字、特殊的例子等）来证明时，就应该实施该反馈。

（二）如何给予有效的反馈

要给予有效的反馈，必须做到以下几点，如下图所示。

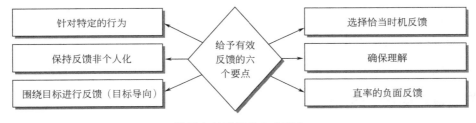

给予有效反馈的六个要点

1.针对特定的行为

反馈应该是特定的，而不是全面的。要避免说"你态度不好"或"我对你所做的好工作留下了很深的印象"等这类话。这类话的反馈信息含糊不清，它们并未告诉接受者如何改进"不好的态度"，也没有说出你是根据什么来判断对方做了"好工作"，这样倾听者就不知道应该发扬哪些行为。

2.保持反馈非个人化

反馈，尤其是负面反馈应该是描述性的，而不是判断性和评估性的。不管你怎样生气，都应该让反馈针对特定的与工作有关的行为上，不要因为某人的一些不适宜行为而进行人身攻击。说人家没有竞争力、懒惰等常常会带来负面效果，它会引发一些负面情绪。当你批评下属时，记住要围绕与工作有关的行为而不是针对人。

3.围绕目标进行反馈（目标导向）

不要为了"摆脱或推卸"另一个人而进行负面反馈。如果你必须去说一些负面的事情，确信它是直接针对接受者的目标，自问负面反馈是为了帮助谁？如果主要是为了你自己，"我总算说出了憋在心里的话。"那么请闭嘴，不要发言，这种反馈会降低你的可信度，削弱你以后反馈的意义和影响。

4.选择恰当时机反馈

当反馈指向的行为和接受反馈的时间相隔很短时，反馈最有意义。例如，一个出了差错的新员工，如果在出错之后立即提出或者在当天下班时提出建议，他会更愿意接受意见、改正差错；如果是在6个月以后的绩效评估中提出，则效果会大不如前。当然，如果你没有充足的信息或者你因为其他事情而心情不好时，仅仅为了"快速"地提供反馈，接受者很可能会反驳你。在这种情况下，"恰当时机"的意思就是"推迟一些"。

5.确保理解

你的反馈足够细致完整而能使接受者完全清楚地理解吗？记住，每一个成功的沟通都需要传递、理解意思。要想反馈有效，你得让接受者理解反馈内容。同倾听技巧一样，你应该让接受者复述反馈内容，以确定他是否领会了你所想表达的意思。

6.直率的负面反馈

负面反馈应该针对那些接受者可以改变的行为。向某人提起他自身无法控制的缺点没有什么价值。例如，批评一个因为忘了定闹钟而迟到的员工是有效的，但一个员工因每日工作必搭乘的地铁出了问题，使她耽搁30分钟后才到达，批评她是毫无意义的，她无力改变所发生的一切（找不到另一种交通方式去上班）。当然这个例子有点不切实际。

而且，对一些接受者可控制的情况提供负面反馈时，特意提出一些改进建议可能会更好。这需要在批评之余指导那些知道问题存在但不知道如何解决问题的员工。

四、物业管理实践中的沟通技巧

物业管理实践中，物业管理人员会遇到各种突发情况。不同的情况，要使用不同的沟通技巧，而业主的异质化程度高，有的知书达理，有的蛮横无理，面对不同的业主，

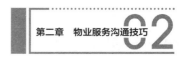

应使用不同的沟通技巧，才能化干戈为玉帛。下图所列是行之有效的物业管理实践中的沟通技巧。

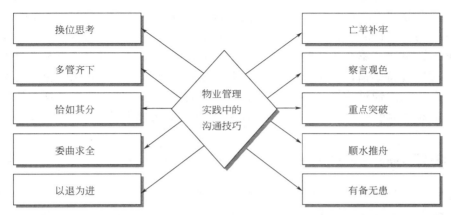

物业管理实践中的沟通技巧

（一）换位思考

换位思考是指人对人的一种心理体验过程，将心比心，设身处地为他人着想，这是达成良好沟通不可缺少的心理机制。它客观上要求我们将自己的内心世界，如情感体验、思维方式等与对方联系起来，站在对方的立场上体验和思考问题，从而与对方在情感上得到沟通，为增进理解奠定基础。在物业管理实践中，换位思考是化解层出不穷的矛盾冲突时最常用的沟通技巧。物业管理人员和业主发生矛盾时，物业管理人员要换位思考，站在业主的角度去考虑问题，体会业主的心情，并且引导业主进行换位思考，去体谅物业管理人员的难处，理解与之有矛盾的做法，从而解决。

 **实例** ▶▶▶ --------------------------------------

某中档小区，开发商为保持楼盘外观的美观，曾与物业公司签约规定，任何人不得封闭阳台。但开发商与业主的销售合同书上并未明确此条款，因此当业主想封闭阳台遭拒绝时，迁怒于物业公司，许多业主联合起来拒交物业服务费。物业公司并没有采取与业主对立的做法，而是从业主角度去考虑，尽可能地去了解业主行为的动机。

通过多次到实地调查研究，他们发现由于该城市的风沙较大，不封闭阳台，的确会给业主的生活和安全造成不便和隐患。但开发商认为，封闭阳台会影响外墙的美观。物业公司经过再三斟酌，认为应该从实际出发，以人为本，要把给业主留下安居环境作为首要因素来考虑。通过与开发商的反复协商，最终达成共识：阳台可以封闭，但要统一规格、材料等，既满足业主的要求，又不影响外墙的美观。而业主也认识到物业公司当初禁止封闭阳台，是与开发商的约定，是从维护小区整体外观的角度去考虑问题的，也是为了广大业主的利益。经过换位思考后，双方消除误会，握手言欢。

（二）多管齐下

多管齐下，意思是指单凭一方或一己之力，很难解决问题，若汇聚各方力量、多人之力，问题就会迎刃而解。俗话说："一个好汉三个帮"，有时光靠物业管理人员的努力，并不能解决与业主的纠纷，需要借助社区、业委会、政府主管部门等第三方力量，共同协作，把问题解决。第三方相对于物业管理人员和业主两方，因为没有利益冲突，所以更容易客观地看待事情，从中立的角度分析双方的过错和得失，有利于公平、公正地解决问题。在实际沟通过程中，多管齐下不仅指借助第三方力量，还指灵活运用其他的力量，如业主家中明事理的家人、与业主相熟的其他物业管理人员等。

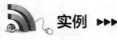 **实例** ▶▶▶ ------------------------------------

某物业管理人员小王，接到业主的投诉，称他所在的居民楼，有人在楼梯拐角处放煤炉烧水，污染空气，也影响过往通行。小王找煤炉的主人李先生核实情况，请他遵守《业主公约》，不要为了自己方便，就将煤炉这样的私人物品放在公共的区域里，影响整体的环境。李先生丝毫不理睬小王的话，还是将煤炉放在老地方，于是小王接连去了李先生家三次，苦口婆心地请李先生尊重相邻业主的权益，可李先生非常固执，执意要将煤炉放在那里。李先生不讲理，可事情还是要解决，于是小王想到请与李先生有交情的保洁员小胡出面，和李先生沟通，劝他把煤炉拎回家。然后小王又请李先生的母亲帮忙做他的思想工作，李先生是孝子，又讲兄弟义气，经过多方面努力，问题得以解决。多管齐下，是非常积极的沟通技巧，一条路走不通，想方设法从其他方面入手，寻求缓解人际矛盾的各种力量，共同解决纠纷，促进小区和谐。

（三）恰如其分

恰如其分，就是恰处中间，既不过分，亦非不及，指办事或说话正合分寸。恰如其分，不多一分，不少一分，对分寸拿捏得当，才能化解潜在的危机，巧妙处理各种突发的事件。物业管理实践中的人际沟通，是一门复杂的艺术，人与人之间的交往，有利益的驱动，更有情感的联系。物业管理人员与业主建立深厚的感情，业主信任物业管理人员，物业管理人员关心业主，但并不意味着可以不讲原则，有时还必须做到公私分明，否则做事情始终考虑人情，而不考虑规则，就会打破管理的秩序，影响管理的效率。

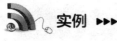 **实例** ▶▶▶ ------------------------------------

业主张先生与物业管理人员关系一向很好，物业公司搞活动需要帮助时，他都出了很多力。但当他提出想在家中饲养一条大蟒蛇作宠物时，物业管理人员坚决反对，因为《业主公约》里有具体的规定，业主不能在家中饲养一些有危险性的动物。若张先生家中有蟒蛇，哪天忘记关门，蟒蛇爬出来，就会给其他业主带来很大的威胁。张先生认为物业管理人员太不够意思，一点儿不通融，物业管理人员向他说明情况，并表示如果不违反规定，张先生有任何困难，物业管理人员都会给予最热忱的帮助。张

先生最终理解了物业管理人员的做法，恢复了与他们的良好关系。人情归人情，原则性的问题不能通融，不能模糊了界限，要做到恰如其分。

（四）委曲求全

委曲求全是指为了求全，忍受一时的委屈。委曲即勉强、忍让、迁就，全即全部、整体、大局。老子说过"曲则全"，就是后退，谦让，退一步"海阔天空"的意思。物业管理，管理的是物业，服务的是人，天天与人打交道，是一项复杂而艰辛的工作。物业管理人员提供服务，与业主抬头不见低头见，一点儿委屈都不能承受，就会与业主关系搞僵，不利于企业长期的发展。古语云"小不忍则乱大谋"，现实生活中，物业管理人员殴打业主，与业主积怨甚多，都是不能委屈自己，终难以求全。物业管理人员为业主排忧解难时，有时会遇到有苦难言的情况，为了企业的形象，为了良好的口碑，应该掌握委曲求全的沟通技巧，以自己的忍让，换得业主的满意。

 **实例** ▶▶▶

　　某业主家中淋浴器出水太小，请物业维修人员上门查看是否水管有问题。维修人员一时查不出原因，业主打开淋浴器，浇了维修人员一身的水。维修人员一声不响地重新检查淋浴器，发现问题的症结：业主的淋浴器使用时间过长，锈渍堵塞了出水眼。维修人员为业主解决问题后，全身湿淋淋地离开业主家，虽然心里很委屈，但选择了冷静克制。如果当时维修人员受不了气，与业主激烈争吵，或是收拾工具，表示不修了，势必引起业主更大的愤怒，对物业管理人员产生敌对心理。

（五）以退为进

以退为进，是指以暂时的退让，取得更大的进展。有时针锋相对，并不是解决冲突问题的最好办法，适度的退让，反而有利于沟通。不争一时意气，避其锋芒，等业主冷静下来，再去进一步沟通，并且相信问题一定能圆满解决，运用"以退为进"的沟通技巧，表现了物业管理人员处理问题的智慧、耐心和信心。

 **实例** ▶▶▶

　　某高层住宅电梯发生故障，物业公司领导立即赶到现场，按照事先制定的紧急预案组织有关人员进行抢修。经过50分钟的紧急处置，电梯故障得以排除。当被困的3位业主走出电梯时，物业领导向他们解释故障发生的原因，并真诚地道歉，安抚他们的情绪。但业主们却不领情，破口大骂，认为物业失职，还要向媒体投诉。这时物业公司领导说什么，业主也听不进去，说一句回十句，强作沟通，反而会激起业主更大的反感。物业领导审时度势，觉得还是冷处理较好，业主正在气头上，即使努力沟通，效果也不好，不如以退为进，等到第二天再向业主致歉。第二天领导派人送了水果篮给3位业主，并以卡片的形式向业主说明物业管理人员日常对电梯的维护保养工

作是到位的，电梯故障是突发情况，让业主受惊，表示歉意，而业主气消了，也认为当时自己太冲动，口不择言，对物业管理人员太苛刻。双方冰释前嫌，关系比以前更加融洽。

（六）亡羊补牢

亡羊补牢，是指错误发生以后，如果及时挽救，还为时未晚。物业管理是一个风险很高的行业，如车辆被盗、业主财产受损、业主人身受到伤害等，即使物业管理工作做得再好，也是防不胜防，不能完全避免物业风险。当风险发生后，唯有吸取教训，把不足的地方补全，把导致隐患的部分修正，更严格地要求自己，工作做得更细致认真，才能降低未来的风险，让公司在挫折中不断成长。

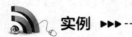 **实例** ▶▶▶

某小区有幢楼4户人家白天被小偷撬了门锁，因防盗门较结实，小偷没能撬开大门，因而没有实质性的偷盗行为。虽然业主家中财产并没受损，但物业公司认识到了安保工作有漏洞，由物业主管向这4户业主道歉，表示以后要增加小区、楼道巡逻次数，完善小区进入人员登记制度，让业主居住更安全。这幢楼附近，开发商当初并未设置红外探头，属于监控死角。而这幢楼靠近小区西边的围墙上有个缺口，物业公司一直想把缺口修补好，但由于围墙外有个菜市场，有些居民为了买菜方便，从这个缺口进进出出，强烈反对物业公司修补围墙。物业公司立即联系开发商，协调补装了红外探头，又联系业委会，商讨修补围墙一事，缺口虽然方便了居民买菜，但不利于小区封闭管理，为秩序维护、安全管理带来隐患。物业公司向业主们分析利弊，小偷大白天撬了4户人家的门，如此猖狂，到底是买菜方便重要，还是安全重要？业主们认识到了安全第一，也被物业公司"亡羊补牢"的精神感动，增进了信任，以后也更配合物业公司的工作了。

（七）察言观色

有数据表明，人们在沟通时，有7%的效果来自于说话的内容，38%取决于肢体语言（面部表情、身体姿势等）。所以，在解读业主心意时，重要的不只是他说了些什么，更重要的是他怎么说，有着怎样的面部表情及体态表现，这就是察言观色。业主怎么想，怎么做，为什么要那样，出于什么目的？业主的言行总是以自身利益为出发点，物业管理人员要通过察言观色，了解他所思所想，揣摩说什么话他能接受，拿出什么方案他会认可，以实现最有效的沟通。

 **实例** ▶▶▶

某业主怒气冲冲地来到物业管理处投诉，说她的亲戚来看她，却被小区秩序维护员挡在外面，不让进小区。物业接待人员了解事情原委，原来是亲戚没有携带有效证

件，秩序维护员虽已知他是业主的亲戚，但出于安全考虑，没有放行，引起业主的强烈不满。接待人员从业主的口音发现她是北方人，性子比较急，连珠炮一般的话语，容不得别人插话。这时若直接用言语和她沟通，很可能与她争论，未必有好的效果，于是接待人员请她坐下来，倒茶给她喝，耐心地听她把话说完，看她的表情渐渐平静下来，身体开始放松，再与她分析情况，表明态度。接待人员表示接受批评，并向她和她的亲戚表示歉意，承认秩序维护员工作没做到位，缺乏灵活性，给业主的生活带来了不便，并表示会向领导反映她的意见，在以后的工作中加以改进。

接待人员正是凭借察言观色，判断业主的性格特征，恰当地处理问题，在沟通过程中，注意观察业主当时的情绪特点并做相应的对策准备，从而达成了与业主之间的积极良性的沟通。

当业主面色和缓，与之前的神态判若两人时，接待人员再进一步向她解释秩序维护员之所以这样做，也是为了保证小区内业主和住户的人身及财产安全，物业管理处制定了有关控制外来闲杂人员出入的规定，对外来人员严格执行检查有效证件及登记的制度。秩序维护员按章办事，但灵活性不够，业主刚才反应有点儿过激，不能一味地批评秩序维护员，也应该理解秩序维护员的做法。业主感受到了接待人员的诚恳，并认可接待人员的处理方式。

（八）重点突破

重点突破，也就是集中精力，突破"关键的少数"，以发挥"以点带面"的作用。解决头绪众多的问题，或是大面积发生的问题，一时会觉得无从下手，但若能抓住"关键的少数"，就会化难为易，化繁为简，取得突破性的进展。物业实践中，很多物业公司感到头疼的就是"收费难"的问题。业主们有时对物业人员过于苛求，稍有不满就拒交物业管理费。诚然有的物业公司缺乏服务业主的意识而导致业主抱怨，但交纳物业管理费是业主的义务，不能以对物业管理工作不满意就拒交，可以通过向政府主管部门反映，找业委会、法律诉讼等途径去解决问题。

面对业主当中的"欠费大户"，物业公司要重点突破，一旦收到成效，必然会对其他欠费的业主产生警示作用。

实例 ▶▶▶

自从某物业公司接手管理一处写字楼以来，工作勤勉，对业主负责，也采取多种措施催缴物业管理费，但业主欠费累计高达数百万元。为了保障自己的合法权益，加大清欠工作的力度，物业公司选择几个欠费大户作为重点，提起诉讼，最后法院判决物业公司胜诉，依法收取欠费大户拖欠的物业管理费。诉讼结果被公示以后，对其他欠费业主有了很大的触动，物业公司再去收缴欠费，就容易多了。

因为时间成本、经济成本等制约，物业公司不向所有欠费业主提起诉讼，选择其中的欠费大户重点突破，势必收到很好的效果。

（九）顺水推舟

顺水推舟，是指顺着水流的方向推船，比喻顺着某个趋势或某种方向说话办事。物业管理人员有时要顺应业主的思路去行事，于业主方便，就是于己方便，让业主心里舒服，自己心里也舒服，冲突也会迎刃而解。在处理一些非原则性问题时，可以运用这种沟通技巧，若是业主违反了有关法律法规，犯了原则性错误，就不能顺水推舟了。这里要强调的是，顺水推舟，并不是指机械地一味以业主的意愿去行事，而是在顺应业主情感脉络和思维轨迹的大方向上，做出一些变通，让矛盾得以化解。

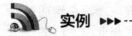 **实例** ▶▶▶

某小区业主投诉他家楼上有人养鸡，鸡每天天不亮就打鸣，严重影响了他全家的休息，要求物业管理人员马上处理这个问题。经过调查发现，楼上业主是一对新婚夫妇，其家乡有在新婚期间养鸡报喜的风俗习惯，所以才在家中养了一只大公鸡，而且按照惯例，公鸡至少要养一个月。物业管理人员了解情况后，上门与这对新婚夫妇沟通，先是恭贺新禧，再聊各地新婚习俗，话题引到公鸡报喜上面，不知不觉拉近了与业主的距离。最后物业管理人员点明来意，楼下业主投诉楼里养鸡，一方面要尊重各地习俗，另一方面城市住宅楼里养鸡，的确会给邻居带来滋扰，建议这对新婚夫妇将公鸡放养到郊区，让它为更多的人报喜。这样，既顺应新婚夫妇公鸡报喜的思路，又解决了公鸡扰邻的问题，邻居都满意了，物业管理人员以后的工作就更好开展了。

（十）有备无患

有备无患，指的是事先准备，就可以避免祸患。做任何事情都应该事先准备，以免临时手忙脚乱。物业管理实践中，会经常遇到突发的事件，如果事先不做充足的准备，一旦出现问题就会惊慌失措，处于被动局面，会给业主留下办事能力低下的印象。

第三章
物业公司如何
与业主沟通

03

第一节　物业公司与业主沟通概述

　　现实生活中，物业公司与业主之间的矛盾不仅影响到企业的运行，也影响到企业预定目标的实现，因此运用合理的方式和技巧化解矛盾，成为物业管理工作的重中之重。沟通是把信息、思想和情感在个人或群体中传递并且达成协议的过程，它是拉近距离、促进交流、形成共识的最常见、最有效的手段，作为每天要面对业主、为业主提供服务的物业管理人员则更需要沟通这种重要的交流工具，融洽与业主之间的关系，增进彼此的了解，清除彼此之间的误会和隔阂，从而提高业主的满意度。所以，要取得业主对物业管理工作的理解与支持，就必须加强与业主的有效沟通。

一、业主的分类

　　业主是物业公司的服务对象，是物业服务的最终消费者，想要更好地与业主沟通，物业管理人员首先必须了解业主。物业服务的业主形形色色，但可以按业主对物业公司的态度不同将业主分为三种，如下图所示。

第一种	顺意业主

顺意业主是指对物业公司的服务和行为持认同、支持的态度，在行动上按时缴纳物业管理费。顺意业主越多，对组织的发展也就越有利，物业公司应经常与他们沟通，尊重他们的意见，满足他们的需求，维护并扩大顺意业主的队伍

第二种	逆意业主

逆意业主是指对物业公司的服务和行为不满意，与物业公司有冲突和对立的业主，他们在行为上拒交物业管理费，还可能通过不良的言论影响其他业主。逆意业主和物业公司有过利益上的矛盾或由于沟通不及时、不准确而造成对企业的误解。所以物业公司应分析原因，进行说明引导，防止逆意业主队伍的扩大，并争取将他们转化为顺意业主

第三种	中立业主

中立业主是指对物业公司既不支持也不反对的业主，他们有向以上两个业主转化的可能性，物业公司应引导他们转化为顺意业主。诸多物业公司在服务过程中没有关注这三类业主的数量和结构，使逆意业主越来越多，出现业主"炒掉"物业公司的现象

业主的分类

二、沟通方式

（一）日常性沟通

对绝大多数业主来说，进行日常性沟通就能够达到相互了解、增进感情的目的。日常性沟通的方式有很多，主要有下图所示几种。

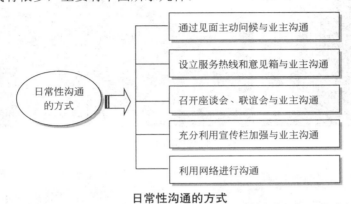

日常性沟通的方式

（二）节假日沟通

逢年过节时物业公司通常可用标语、条幅、贺信表达对业主的祝福；也可以在业主生日时送上一张生日贺卡；在业主新婚时送上一束鲜花，这些小事会培养业主对物业公司的信任感和亲情感，缩短彼此之间的距离。

电子显示屏上为新婚夫妇祝福

为小孩子生日祝福

逢盛大节日，如春节、中秋节、圣诞节，物业公司通常要对小区进行一番布置，以营造浓浓的节日气氛。

节日祝福的横幅

春节前将大红灯笼挂起来

国庆节和中秋节节日布置

（三）针对性沟通

针对物业区域内发的重大事件、特殊问题，一般性的沟通是不够的，需要项目经理亲自登门拜访，进行面对面有针对性的沟通，方能达到目的。遇到事关企业发展的危机事件，企业应具有危机公关意识，应做到快速反应、主动沟通以维护良好的组织形象。

三、与业主沟通的基本技巧

为取得良好的沟通效果，物业管理人员应掌握沟通的基本技巧。

（一）记住业主的姓名

沟通中，物业管理人员要把业主的名字记住。在与业主碰面时，礼貌地呼出对方的姓名："王先生，您好！"这样会使对方感到非常愉快。

（二）尊重对方的习惯

在与业主的沟通过程中，物业管理人员首先要尊重对方的习惯，了解不同国家、民族、地区以及宗教的基本常识，会使业主感觉温馨，容易理解和接受物业公司的管理工作。

 实例 ▶▶▶ ------------------------------------

　　一位年近六旬的外国老太太来到管理处，李先生礼貌地招呼她："太太，您请坐。"不料，老太太的脸色顿时显得很不愉快，也不入座。李先生茫然不知所措，只得再次说："太太，您请坐。"这下，那位老太太要求李先生赶紧找经理。这位老太太直率地说："经理，请您以后要加强下属员工礼仪用语的培训，与女性谈话，要有礼貌，要称小姐。"李先生感慨万分，从事物业管理服务行业的人，要掌握不同国家的民风或礼仪等方面的知识，并在接待中要非常注意这些细节问题。

（三）注意语言的表达方式

　　熟练运用语言技巧，可以沟通物业公司与业主的信息，协调物业公司与业主的关系，并树立物业公司的良好形象。

 实例 ▶▶▶ ------------------------------------

　　维修工小胡接到报修空调的电话后立刻赶到业主房间，只拨动了几下空调开关，空调马上吹出了冷气。于是小胡便告诉业主说："先生，这空调没有坏，可能是刚才您使用不当。""什么？没有坏，我使用不当？"业主听了小胡的话很不高兴。小胡顿时发觉自己话说得不妥，可能伤害了业主的自尊心。马上冷静下来改口说："哦，我再仔细检查一下。"一边说，一边赶紧拿起工具，打开空调机盖，这里拧一下，那里拨一拨，四五分钟后，盖上机盖说："先生，这空调刚才确实是有点儿毛病，但毛病不大，现在修好了。""这就对了，没坏我怎么可能找你们来维修呢？谢谢你啦。"业主的态度马上转变，非常客气地将小胡送出房间。

　　两种说法，两种结果，前一种说法伤害了业主的自尊心，而后一种说法则比较含蓄，使业主顿时化解了不满的情绪，所以注意语言技巧，能够取得良好的沟通效果。

（四）微笑服务

　　物业管理人员必须具备亲切自然的微笑，用微笑去感染、沟通每一个业主的心灵。

（五）运用情感沟通

　　一流的物业必须有一流的管理，而一流的管理，离不开物业公司和业主之间良好的情感沟通。物业公司通过有意识的情感沟通工作，确切了解和掌握业主的真情实感及所思所虑，同时也积极营造沟通氛围。

 **实例** ▶▶▶ ------------------------------------

　　李小姐结婚大喜，她也恰巧是楼盘入住以来第一个办婚事的业主。物业公司得知

这一喜讯后，安排清洁员工把小区平台打扫得干干净净，铺上洗刷一新的红地毯；绿化工新添了一些漂亮的盆花；物业助理购买了鲜花花篮和贺卡，代表公司全体员工将最美好的祝福带给这一对儿新人。新人及其父母激动地说："真没想到，你们真有人情味儿，住在这里感到很亲切。"

物业公司积极组织各项有意义的活动，并对业主生活中一些较为重大的事情给予重视，是增进双方理解、沟通的重要手段。把尽可能多的关怀带给业主，给业主一种"踏实、亲切"之感，也为今后物业公司开展各项物业工作打下了良好的基础。

（六）不要轻易向业主许诺

物业管理人员在与业主谈话时，对对方提出的要求，属于马上可办到的，可以当场许诺；需要研究的，应说明情况，以后再作答复；对根本办不到的（原则性），要明确拒绝，并讲明理由，请对方谅解。轻易许诺对方的各种请求，虽然会赢得对方的暂时欢心和感谢，但因为无法兑现自己的许诺，到头来，只会损害物业公司的形象。

实例 ▶▶▶

一天，某物业公司主管接到报告：某楼业主不想按指定位置安装空调，空调公司的工作人员也不停地挑唆，更加重了业主的不满。了解情况后，主管向业主耐心解释说明：物业公司要求按指定位置安装空调、管线不能外露，是为了保证小区的外观统一美观，如果各行其是地乱安装空调，那咱们小区的外立面就会杂乱不堪，这里毕竟是您的家园，您肯定也不希望举目就看到这样的景象。听完主管入情入理的话，业主不再硬性坚持。主管又悄悄将空调公司的工作人员叫到一边，告诫说："你应当知道物业公司的管理规定，如果执行不力违规行事，后果自负。"空调公司的工作人员马上声明要按照物业公司规定，并配合物业公司说服业主。最终，业主同意按规定位置打空调孔。

该案例中主管利用人与人相互间的牵制进行沟通、协调关系，最终达到预想目标。

（七）全面了解业主

业主的文化程度、职业、年龄、特点和爱好等基本情况，物业管理人员都应全面了解，因为它可能成为协调中的突破口。

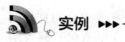

实例 ▶▶▶

林先生搬进某单元不久，发现客厅和卧室的地板渐渐鼓起，心中不满，要求物业公司马上解决。物业管理人员立即上门查看地板鼓起原因，初步认定是外墙渗水所致。因为鼓起面积较大，要维修必须全面腾出家具，但这势必给林先生一家增添很大麻烦。根据以往经验，直接与业主谈论此事，十有八九会被拒绝。这时与林先生比较熟的物业管理人员建议：林先生嗜爱养花养草，公司不妨送上一盆花联络双方感情，再谈维修之事。于是，一盆特意从花店购来的盆花送至林先生家中，林先生大感意外。物业管理人员诚心诚意地表示了平时关心不够的歉意，并说明了如要使维修地板的质量得到保证，需把家具搬出，便会麻烦林先生，公司非常不安。林先生听完连连摆手说："不能全怪你们，地板起鼓的事如早一点儿告诉你们，可能不至于到现在的麻烦程度，还劳驾你们特意送花，真是受之有愧。"接着物业公司和开发商提出一系列的解决方案，并积极采取相关建议，林先生一家暂迁到另一单元，等维修结束后再搬至原处。

在各类报修中，经常遇到因施工质量不良而产生的报修，维修一般都比较复杂，业主的反应也都很激烈。如果简单地做些解释工作，容易使业主以为物业公司在推卸责任，引起误会。不同的情况要有不同的处理方式。此例中物业公司根据林先生爱花草的特点，适时送一盆花，缩短了与业主之间的距离，再表歉意，融洽了感情，加上切实的措施，顺利地解决了原先较棘手的问题。

（八）不失时机，因势利导

"因势利导"就是顺着事物的发展趋势加以引导。在与业主进行协调时，首先要认识、掌握业主心理发展变化之"势"，然后再根据客观之"势"加以引导。

 **实例** ▶▶▶

某大厦由于设计的需要，各单元内污水管的检修孔都设置在楼下单元的卫生间顶部，因此所有单元内卫生间的顶部不能全部封闭。而某单元业主在装修时，坚持自己的审美观念，执意要将卫生间的顶部全部封闭起来。为此，物业管理人员登门向业主说明：排污管道及检修设备属公共所有，根据有关规定物业使用人在使用物业中不能占有、损坏住宅的公用部位，并向业主直接出示了《物业管理条例》中的有关条款内容，业主看后，开始有所缓和。物业管理人员看在眼里，赶紧趁机说："按大楼的原来设计，要求在每户单元内吊顶上留下检修孔，你家污水的排污管检修口也放在楼下业主室内。他们家在装修时也曾提出同样的问题，但最终还是服从大局，留下了一个可以开启的活口，您可以参考一下他们的做法。"业主一下子来了兴趣，看到楼下单元的处理方案，虽并不尽美，但也不致影响整体效果，业主紧绷的脸终于放松了。

这是一个物业管理人员根据国家的有关规定，提出假设并因势利导，让业主真正感到问题的严重性，最后做出理智决断，达成了沟通，协调统一的成功案例。

当物业公司内外由于信息传播不流畅或工作出现失误，公司行为、政策等尚未被业主认识、理解等原因导致物业公司与业主的失和时，或业主对物业公司产生不理解、不信任、不合作，甚至持反对、敌视等态度时，物业管理人员应运用原则和技巧促进物业公司与业主的双向交流，建立起物业公司与业主的共同认识。

第二节 灵活运用公告、通知类文书与业主沟通

　　由于物业管理服务提供的产品是无形的服务，而且有很多服务是业主不容易感知到的，造成业主对物业管理人员所做的大部分工作毫不知情，比如房屋及设备设施的日常维护和保养，每月化粪池的清掏，公共设施的消毒等，以至于业主对其服务产生怀疑，质疑物业公司并无大用，物业费收取过高。因此管理处应擅用小区的布告栏，将各项工作告知于业主，同时应该每月做出工作总结并张贴在小区的布告栏内，工作总结应该尽可能的细致，对各个部门的工作如实进行汇总，使业主能充分了解到物业管理的日常工作的烦琐，如果有条件还可以开展"公开日"活动，让业主代表参观监控室和其他物业管理的日常工作，使其实际体会到物业管理工作的艰辛，从而增加对物业管理的了解。

　　在日常物业管理活动中，物业公司在布告栏里可以通过一些通知、简讯、提示、启示、通告等来告知业主有关物业服务的事项。

放置在布告栏里的通知

一、发布公告、通知的要求

（一）安装统一布告栏

　　发布日常布告通常以书面形式为主。在以居住为主的小区内可将布告张贴在小区主要出入口、每栋住宅楼的一楼大堂或电梯前厅。物业公司一般会在以上地点安装统一的布告栏，以便业主（用户）习惯于时刻注意布告栏中公告的内容，在第一时间内了解最

新信息。

　　布告栏应制作精美、大方，与周围环境相映衬，以此保证小区内公共场所的美观。

　　对于商业楼宇物业而言，可将布告分发到各单位或投入到信箱内。

布告栏

（二）布告应有较高的认可及接受度

　　日常布告一般是物业公司单方面主动发布的，业主（用户）被动接受信息，而且只能通过书面文字表达意思，属于物业公司与业主（用户）沟通的一种特殊形式。所以在拟订布告内容时，为保证业主（用户）对布告有较高的认可及接受度，应注意以下几点。

1.形式要规范

　　物业公司向业主（用户）发布的日常布告主要有通知、启示、通告、提示、简讯等形式。无论哪一种形式，都属于公文的一种，格式要求规范，因此，发布日常布告时应注意形式上要规范。

2.一个信息一个布告

　　物业公司发布新的布告后，大部分业主（用户）都是在经过布告栏时顺便留意布告的内容，停留的时间很短暂。为使业主（用户）在最短时间内得到准确的信息，最大限度降低信息的流失量，发布时应注意布告内容单一，避免有多个不同内容出现在同一布告内；布告的语言要简练明确，尽量使篇幅短小精炼，以保证信息传达快速而准确。

（三）语言要灵活

　　不同形式的布告，内容也不一样，物业公司发布的每一类布告都有其不同的目的，对业主（用户）收到信息时的反应效果要求也各不相同；而这些差异主要可通过语言组织、措辞等表现出来，不同的语言表达可表现出发布者的不同的态度。因而，为使业主（用户）能更准确地接收信息，可在语言上灵活运用，将实际目的准确地表达出来。

（四）版面应严谨

　　在以居住为主的小区内，由于布告对象较多，管理人员应注意布告版面要严谨。对于纸张的大小、字体的类型及颜色等都应作统一规定，如发布通知、通告等布告时采用A4型纸张、宋体字；另外，对字体的大小也可作统一的规定，如标题用三号字，正文用小四号字等。

（五）符合礼仪规范

物业管理人员在拟订布告文稿时，应使用符合礼仪规范的礼貌用语，如文稿抬头使用"尊敬的业主（用户）"，正文中对业主（用户）的称谓使用敬称"您"等。另外，无论发布任何类型的布告，都应始终保持对业主（用户）尊敬的语气，绝不能使用过分批判甚至侮辱性的文字。如确有必要批评业主（用户），也应在语言组织上灵活应用，使用婉转或较易接受的措辞，以取得满意的效果。

二、通知的写作要求与范本

通知属于一般性的日常公告，也是使用最多的一种公告形式。通知的内容大致包括收缴费用、停水停电、办理各类手续、公共场地消杀、清洗外墙、公共设施改造等。

拟稿时应注意语言的简洁、平实，避免拖沓冗长及使用过多的修饰语句，一般一开篇就切入主题，将内容表达清楚后即可结束。

（一）为业主带来不便的工作的通知

对于停电停水、清洗外墙、公共设施改造、公共场地消杀等事务发布通知时，在标题中最好标明主题内容，以引起业主的注意；正文要写明原因、具体起止时间、注意事项、咨询电话等，在表达比较重要的事项时可用区别于其他文字的特殊字体；由于此类事务会给业主的生活带来一些不便，所以在通知中需向业主表示歉意，通常可表述为"不便之处，敬请谅解！"

通知的写作格式与要求如下表所示。

通知的写作格式与要求

项目	基本要求
标题	通知，可标明主题，如停水通知
首行	填写通知要告知的人员，如"尊敬的各位业主/住户"
正文	（1）原因 （2）具体起止时间 （3）注意事项 （4）联系电话
落款	物业公司盖章、日期

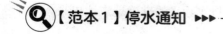 **【范本1】停水通知** ▶▶▶ --------------------------------------

尊敬的各位业主/住户：

为了让大家用上清洁干净的生活用水，管理处将定于_____年____月____日晚上

_____点至_____年_____月_____日早上_____点对地下水池进行清洗，到时将暂停供水，请大家备好生活用水，不便之处，敬请谅解。

服务电话：_____

_____物业管理有限公司

_____管理处

_____年____月____日

🔍【范本2】停电通知 ▶▶▶ -----------------------

尊敬的各位业主/住户：

我公司接电业局停电通知，兹因高压电房设备维修工程，计划从____年____月____日（周六）上午_____至_____对本小区停止供电，请互相转告，不便之处，敬请谅解！

停电期间，我们将启用发电机组供应日常用电需要，请大家节约用电，尽量减少空调的使用。若相关单位确需进行用电作业的，请拨打我们的服务热线：_____。

_____物业管理有限公司

_____管理处

_____年____月____日

🔍【范本3】清洗外墙通知 ▶▶▶ -----------------------

尊敬的各位业主/住户：

为了美化园区，给广大业主一个干净明亮的生活环境，公司定于_____年_____月_____日起对_____园区各楼体墙面及户外玻璃进行清洗工作。如有给您带来不便之处，敬请谅解！

具体清洗安排本公司会在单元门内公布栏进行通知，请您近期注意相关通知。在清洗外墙时，请您注意以下事宜。

1.在外墙清洗过程中，望各位业主关好各家窗户及阳台门，以免污水溅入户内，影响您的正常生活。

2.若您发现有污水溅入户内的现象，请及时致电本公司客户服务中心。

3.若您有事在外无法回到户内关闭门窗的，请及时联系管理处。

4.若您对外墙清洗有疑问，请及时致电客户服务中心咨询。

我们将为您提供优质满意的服务。

_____物业管理有限公司

_____管理处

_____年____月____日

【范本4】关于灭鼠的通知 ▶▶▶ ----------------------------------

尊敬的各位业主/住户：

您好，春天临近，为了防止小区出现鼠患，我公司将从＿＿＿年＿＿＿月＿＿日至＿＿＿月＿＿日，每天＿＿＿＿＿至＿＿＿（时段）在草坪等公共区域内投放鼠药，次日＿＿＿＿＿至＿＿＿（时段）收药。请各位业主/住户在此期间注意安全，特别是一定要看管好自己的小孩，家中有宠物的业主/住户也要照顾好自己的宠物，以免其误食。谢谢合作！

＿＿＿＿＿＿＿＿＿物业管理有限公司

＿＿＿＿＿＿＿＿＿＿＿＿＿＿管理处

＿＿＿＿＿＿＿年＿＿＿月＿＿日

【范本5】公共场地消杀通知 ▶▶▶ ----------------------------------

尊敬的各位业主/住户：

根据绿化养护安排和需要，近期，我公司将对本园区植物、草坪进行喷药杀虫作业。

持续时间：＿＿＿＿＿年＿＿＿＿＿月＿＿＿＿＿日至＿＿＿＿＿年＿＿＿＿＿月＿＿＿＿＿日。

喷药时间：9：00～12：00、14：00～18：00。

届时，请您远离打药工作区域，关闭门窗，减少户外活动并看管好您的小孩，带好您的宠物。

由此给您带来的不便，敬请谅解！

如有疑问，请致电客服前台：＿＿＿＿＿＿＿＿＿＿、＿＿＿＿＿＿＿＿＿＿。

谢谢合作！

＿＿＿＿＿＿＿＿＿物业管理有限公司

＿＿＿＿＿＿＿＿＿＿＿＿＿＿管理处

＿＿＿＿＿＿＿年＿＿＿月＿＿日

【范本6】电梯暂停服务通知 ▶▶▶ ----------------------------------

大厦名称：＿＿＿＿＿＿＿＿＿＿＿＿＿＿＿＿　座号：＿＿＿＿＿＿＿＿＿＿＿＿

电梯编号：＿＿＿＿＿＿＿＿＿＿＿＿＿＿＿　保养编号：＿＿＿＿＿＿＿＿＿＿

梯种：　　□　电扶梯　　　　□　电梯/货梯　　　　□　液压梯

暂停服务原因：＿＿＿＿＿＿＿＿＿＿＿＿＿＿＿＿＿＿＿＿＿＿＿＿＿＿＿＿＿

＿＿＿＿＿＿＿＿＿＿＿＿＿＿＿＿＿＿＿＿＿＿＿＿＿＿＿＿＿＿＿＿＿＿＿＿＿

＿＿＿＿＿＿＿＿＿＿＿＿＿＿＿＿＿＿＿＿＿＿＿＿＿＿＿＿＿＿＿＿＿＿＿＿＿

处理程序：＿＿＿＿＿＿＿＿＿＿＿＿＿＿＿＿＿＿＿＿＿＿＿＿＿＿＿＿＿＿＿＿

＿＿＿＿＿＿＿＿＿＿＿＿＿＿＿＿＿＿＿＿＿＿＿＿＿＿＿＿＿＿＿＿＿＿＿＿＿

由_____单位负责，是否需要停止服务：是☐ 否☐

停止服务日期：由_____至_____止或另行通知。

备注：_____

_____

经理签名：_____ 日期：_____

客户签名：_____ 日期：_____

🔍【范本7】换水表通知 ▶▶▶

尊敬的_____业主/住户：

您家的水表已模糊不清，无法正确计量您家的用水量，请您见通知后尽快和管理处联系更换水表事宜，管理处联系电话：_____。

特此通知。

_____物业管理有限公司

_____管理处

_____年____月____日

🔍【范本8】文明养狗通知 ▶▶▶

尊敬的各位业主/住户：

近期发现部分养狗的业主/住户遛狗时没有专人看守，并且在草地上任意拉狗屎，严重破坏了美好的居住环境，希望养狗的业主/住户在遛狗时用绳索牵好，不要让狗咬到别人。

据统计，今年1～5月被狗咬伤到区疾病预防控制中心注射狂犬疫苗的人数为1776人，估算平均每天超过11人，这个数字仅占狗咬伤中的65%～70%，还有30%～35%的人未接受狗咬伤治疗，数量大大超过去年同期，并超过去年全年人数（1600人），虽然目前没有发生狂犬病死亡事件，但危险让人担忧。

请小区业主/住户尽快到相关部门办理合法养狗手续，定期进行防疫，对没办理合法手续的狗，管理处和业主委员会将依法报请犬只管理部门进行处理。

被狗咬伤后的应急处理办法如下。

1.确定咬人的狗已被控制，使伤者不会再有危险。用干净水冲洗伤处。不要在伤处涂擦任何软膏或其他类似物。

2.在伤处放一块干净软垫并包扎。呼叫医疗救助或将伤者送至医院进行检查并注射抗毒素或服抗感染药。

_____物业管理有限公司

_____管理处

_____年____月____日

（二）需业主协助工作的通知

比如收缴费用、办理各类手续等通知，由于此类事务需要业主协助，由管理处和业主共同完成，所以在发布时需注意内容要明确、突出，可在颜色、字体上调整，突出重要的部分，给业主最直观的信息。同时应对业主给予的协助表示感谢，如"特此通知，谢谢大家的合作！"

其具体写作格式与前一类通知类似。

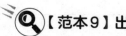 **【范本9】出入刷卡通知** ▶▶▶ --

尊敬的各位业主/住户：

接近年关，治安形势比较复杂，为了使大家有一个安全文明的居住环境，请大家在出入时刷卡进出，并警惕陌生人跟随进入，没有办卡的业主/住户请尽快来管理处办理。

特此通知，谢谢大家的合作！

_____物业管理有限公司

_____管理处

_____年____月____日

三、简讯的写作要求与范本

简讯类公告一般用于发布社区文化活动信息、管理处便民服务信息等。由于社区文化活动、便民服务等需要业主积极参与，所以在拟订该类文稿时，从标题到内容都可采用较灵活的形式，如标题可使用"好消息""喜讯"等；版面上可采用艺术字且色彩明艳，内容的语言组织上可以使用具有"煽动性"的措辞，让业主从中感受到发布者的盛情邀请而产生兴趣。

其写作格式如下表所示。

简讯的写作格式与要求

项目	基本要求
标题	好消息、喜讯等
首行	填写简讯要告知的人员，如"尊敬的各位业主/住户"
正文	可灵活多样，可以介绍事情的经过，好消息的达成情况
落款	物业公司盖章、日期

【范本10】好消息 ▶▶▶

（_____花园业主委员会_____年第_____号）

_____花园全体业主：

近期，备受××花园全体业主所关心、关注的_____东区_____号楼东侧墙外出租楼，在我小区围墙私开小铁门，并推倒围墙，打开通道，欲永久的人、车通行一事，经过××业主委员会、管理处共同努力，与各级政府相关部门联络、沟通，于_____月_____日将建设办、国土、规划、城管监察大队、信访、居委会、派出所等有关部门权威人员，诚邀到我小区，进行会商。

下午2：30，××业主委员会、管理处和各级政府职能人员、私家楼主共同进行实地、现场测绘勘察。

建设办、国土、规划、城管监察大队依据我××业主委员会提供的，包括法律效力宗地图、红线图、平面图，进行实地测绘，最后裁定：我们所有图纸标志都是合法的、有效的、正确的。

由此证明，××号楼墙面以东10米的距离均是我小区属地，即现有围墙以外还有3.5米也属小区属地。

现场由××规划部门宣布，我们小区维权是合法的、有效的。现由××街道建设办公室下达处理意见，我们将按法定红线图完全封闭。

经过××业主委员会、物业管理处不懈努力，团结合作，几年来，困扰我们××花园全体业主的忧患悬念之心，终于尘埃落定。

通过此项维权全过程和满意结果，完全证明：只要业主委员会和管理处团结起来，我们每一项维权行动，都会有好的结果。

最后，我们提示，广大业主多说有利团结的话，多做有利团结的事，共创和谐小区。

借此，通告××花园全体业主，原定____月____日的现场业主会，暂时不再进行。

_____物业管理有限公司

_____管理处

_____年____月____日

四、提示的写作要求与范本

管理处发布的提示类公告，一般用于特殊天气、气候的提示，对节日安全的提示以及对社区内公共设施使用安全的提示等。比如在南方沿海一带城市夏季遇到台风，北方城市冬季遇到降温降雪天气，管理处应时刻注意政府相关部门发布的预告，然后以发布提示的方式提前告知业主，提醒业主做好各方面的准备。由于提示的内容通常与业主切身利益（如人身安全等）有密切的关系，主要是提醒业主加强注意，所以拟稿时，在明确提示内容的前提下，语气应偏于温和，要让业主在收到提示的同时感受到管理处对业主的关怀及服务的真诚，普遍的做法是将提示的标题拟为"温馨提示"。

其写作格式如下表所示。

提示的写作格式与要求

项目	基本要求
标题	温馨提示，也可把主题加在温馨提示之前
首行	填写要提示的人员，如"尊敬的各位业主/住户"
正文	（1）点明提示的主题 （2）罗列提醒业主/住户要注意的事项
落款	物业公司盖章、日期

【范本11】"五一"劳动节温馨提示 ▶▶▶ --------------------

尊敬的各位业主/住户：

"五一"劳动节来临之际，管理处各项业务正常开展，大家在欢度节日的同时，管理处提醒业主/住户注意以下几点。

1.外出的业主/住户请您关好门窗，检查煤气阀、水龙头是否关好。

2."五一"劳动节期间大多数天气为多云转阵雨，请大家将放在阳台的花盆移入室内，以免坠落砸伤人。

3.请大家在外出时反锁好门，左右邻居相互照看，发现可疑人、物及时通知管理处（联系电话：_____）。

4.春天正是鲜花盛开的季节，为了让我们的家园更美丽，希望大家不要去采摘鲜花，美好的环境是靠大家自觉来维护的。

5.如遇紧急情况请您及时拨打管理处24小时值班电话。

白天：_____ 夜间：_____

管理处全体员工恭祝大家节日愉快，万事如意！

_____物业管理有限公司
_____管理处
_____年____月____日

【范本12】"十一"国庆节节日温馨提示 ▶▶▶ --------------------

尊敬的各位业主/住户：

您好！

"十一"国庆节即将来临，_____物业管理有限公司全体员工恭祝您节日快乐，万事如意！为使您和家人及朋友能够度过一个快乐、祥和、安全的假期，提醒您注意以下事项。

1."十一"国庆节期间若您外出旅游，出行前请将室内的水、电、燃气阀门开关关闭，门窗关闭后上锁，并将室内防盗系统设置在"设防"状态，贵重物品请妥善保管。如离家时间较长，请您到物业服务中心留下您的紧急联系方式及联系人，以便在发生紧急情况时做应急处理。

2.夜间外出散步时注意自身安全，请到人员较多、光线明亮的地方活动，夜间休息时，请您将门窗关闭并将室内的防盗系统设置在"设防"状态；若发现周边有任何可疑情况，可通过电话或对讲与物业服务中心及时取得联系。

3.北方秋季天干物燥且多风，请注意防火，室内及院落不要存放易燃、易爆、易挥发等物品，防止火灾发生；如您长时间外出，建议您不要将花卉等物品摆放在阳台或窗台等位置，以防止被风吹落造成损失。

4.若您相约亲朋好友欢聚_____花园共度假期，请您欢聚的同时不要影响邻居的正常休息。

5."十一"假期期间为了给您创造一个和谐、安静的园区，10月1～8日全天禁止噪声施工。请正在装修的业主监督施工单位自觉遵守上述要求，配合物业工作，同时请施工人员严格遵守《装修管理协议》内容，不在园区留宿，不做违反协议的施工。

6.节日期间，本物业服务中心正常上班。

物业服务中心工作时间为每日9：00～17：30。

夜间物业服务中心工作时间为每日17：30～次日9：00。

物业服务电话：_____
通知有效期至：10月10日

_____物业管理有限公司

_____管理处

_____年____月____日

▧🔍【范本13】春节温馨提示 ▶▶▶ ----------------------------

尊敬的各位业主/住户：

新春佳节即将到来，为了能让广大业主过一个平安、快乐的春节，我们对春节期间燃放烟花爆竹特提出以下建议。

为了小区安全考虑，本公司不赞同业主在小区内燃放烟花爆竹。为了不影响他人的正常生活，请勿在楼栋内、楼顶和自家阳台上燃放烟花爆竹。因为往年在自家燃放烟花爆竹的现象比较多，导致有业主把别人家的窗户玻璃炸坏。加之小区车辆较多，很容易发生安全事故。如您一定要燃放，建议到空旷的地方并在确保安全的前提下燃放，本公司工作人员不介入。

希望您在_____小区度过一个安全、祥和的新春佳节！_____物业管理有限公司全体员工祝您春节快乐！身体健康！阖家幸福！

_____物业管理有限公司

_____管理处

_____年____月____日

【范本14】冬季用电温馨提示 ▶▶▶ --------------------------------

尊敬的各位业主/住户：

冬季是用电高峰，业主习惯在家中同时使用多种取暖设备，但一定要将安全用电放在首位。

_____年____月____日20：08分左右，有业主打电话给服务中心反映，某单元内一楼业主家从门往外冒烟。服务中心值班的物业助理在接到业主反馈问题后，立即通知保安主管前往查看情况。业主家中无人，但已有黑烟陆续从门缝中漏出，显示出家中失火。根据现场情况，保安主管立即报警，及时与业主联系，并安排大门口岗位做好接警工作。服务中心的物业助理在联系到业主后，告知业主家中失火情况，并征求业主本人意见要求破门灭火。在该业主口头授权的同意下，在"110"和众多其他邻居的见证下，保安队员先后把卧室的窗户、南阳台门砸碎，进入家中用瓶装灭火器进行灭火，并在随后赶来的"119"接水带协助下将火灾扑灭。待业主赶回后，明火已经扑灭，家中客厅的电视和电视机柜已经被烧毁，但因为抢救及时，没有造成更加严重的损失。

据统计，自业主入住以来，前后发生了近20起火灾事件，有业主出门忘记关煤气的，有线路老化的，也有电器使用不当的。但_____月_____日的火灾，是业主入住五年来，最为严重的一次。

在此，本公司做出如下温馨提示。

1.业主出门前，请务必关闭家中的电源开关。

2.定期检查家中的电器线路，发现老化的及时更换。

3.最好购买家庭财产险作为保障。

4.发现火警，请立即拨打"119"。

_____物业管理有限公司

_____管理处

_____年____月____日

【范本15】关于夏季小区安全防范的温馨提示 ▶▶▶ --------------------------------

尊敬的各位业主/住户：

夏季是安全隐患的高发季节，虽然天气炎热，但仍要做好各类隐患的排查。在此本公司做出如下温馨提示。

1.请在外出或夜间睡觉前关好自家的门窗，不要因为一时的疏忽给盗窃分子创造机会，给您带来不必要的损失。

2.暑期儿童外出游玩须有成年人陪同，以防溺水等事故发生。

3.暑假期间尽量不要留儿童一人在家，请关好家中的燃气阀。

4.如有人上门收取公共事业费，请及时致电物业服务中心（电话：_____、_____）核对，以免上当受骗。

5.请关好车门及车窗，不要将贵重物品遗放在车内，以免被盗。

6.夏季也是暴雨和台风的高发季节，请各位业主定期检查阳台悬挂的不安全物品，发现阳台地漏堵塞，立即自行疏通或通知物业进行疏通，以防雨水不能及时排泄而导致室内进水。

7.如在小区里发现不安全因素或可疑人员，请拨打保安24小时值班电话_____，或直接拨打"110"报警。

_____物业管理有限公司

_____管理处

_____年____月____日

🔍【范本16】关于防台风、防汛的温馨提示 ▶▶▶

尊敬的各位业主/住户：

初夏梅雨季节将至，下雨及台风将逐渐频繁。请业主做好防台防汛方面的措施，本公司特提出如下温馨提示。

1.请检查自家的天台、阳台地漏水是否通畅，可能会因为未及时检查及疏通而引起积水，造成自家或楼下住户进水，导致家中家具、地板、墙面等多处受到影响。为了减少您不必要的损失及麻烦，如有堵塞请及时疏通。

2.为了防范台风所引起的损失，请您将放置在天台、阳台上如花盆等可移动的物品移放到室内，请对卫星天线进行重新检查和加固，以减少安全隐患。

3.在家里无人的情况下请关闭门窗，请将晾晒在外的衣物移入室内。

以上情况如有疑问，请拨打热线电话：_____。

希望我们的服务给您带来更多的方便！

_____物业管理有限公司

_____管理处

_____年____月____日

🔍【范本17】关于儿童暑期安全的几项温馨提示 ▶▶▶

尊敬的各位家长：

酷暑难当，转眼间又到了孩子放假的日子，如何让孩子度过一个既安全又有意义的暑期生活，是每位业主都关心的问题，现本公司就孩子的暑期安全问题提出如下温馨提示。

1.如留孩子一人在家时，请提醒孩子注意燃气、家用电器的使用安全，以避免家长产生不必要的担心以及家中产生不必要的损失。

2.如留较小的孩子在家中，请提醒孩子远离阳台护栏及卧室窗户，杜绝安全隐患。

3.孩子在小区玩耍或者外出时，请提醒孩子多饮水，或采取必要的防护措施，以防中暑。

4.孩子在家时，请提醒孩子不要将纸屑、塑料等扔出窗户或阳台外，避免破坏小区的卫生环境以及影响邻里之间的和睦。

5.孩子在小区内追逐嬉戏的时候，请注意过往的车辆。

6.孩子在人工湖边玩耍时，请注意警示标志，玩耍时最好能有家长陪同或看护。

7.孩子在小区内的露天游艺场所玩耍时，请先检查游艺设备是否安全，并按照警示标志上的规定去操作。

8.本公司祝愿所有的孩子度过一个欢乐愉快的暑假！

_____物业管理有限公司
_____管理处
_____年___月___日

【范本18】关于天气变化的温馨提示 ▶▶▶

尊敬的各位业主/住户：

您好！

近阶段，气温变化较大，请注意服装添减，以防疾病。夏季即将来临，风雨、雷电天气可能会频繁出现，希望各位业主除注意自身身体健康外，对居室中放置在阳台、窗台的杂物，如花盆、晾晒的衣物等请妥善处理，避免在刮大风时丢失、砸伤行人或毁坏其他物品，雷电时请注意保护好您家中的电器。在外出时切记检查家中水管、电器、煤气、门窗是否关好，以避免安全隐患。

_____物业管理有限公司
_____管理处
_____年___月___日

【范本19】关于电梯使用的温馨提示 ▶▶▶

尊敬的各位业主/住户及各装修单位：

为了确保电梯的合理使用、正常运行和大厦物业的有序管理，请遵守大厦电梯管理规定。

1.一号电梯和二号电梯为客用电梯，行人请使用此电梯。

2.三号电梯为货运电梯，货物运输时请使用此电梯。

3.请遵守规定的乘坐人数和承载重量，超载时警报鸣响，轿门不会关闭，因此，请最后搭乘的客人退出或卸载超重货物。

4.在轿厢内蹦跳时有可能使安全装置动作，因此在电梯运行时，应请静静乘用。

5.请勿随意或乱按候梯厅或轿厢内的按钮。

6.电梯内禁止吸烟，为了乘用电梯时心情愉快，请遵守规定。

7.开闭电梯时有危险，请注意勿碰到门或倚靠门边站立。

8.有幼儿搭乘时，必须有保护者在场。

9.火灾、地震时的避难，请勿使用电梯。

爱护公物人人有责，请各位业主及装修单位遵守大厦电梯管理规定，配合我们的管理工作！

_____物业管理有限公司

_____管理处

_____年____月____日

【范本20】关于实行"放行条"的温馨提示 ▶▶▶

为了保障小区业主/住户的财产安全，对搬出小区的贵重物品，管理处实行"放行条"制度。小区业主/住户如搬家（租户搬家需征得业主的同意）或搬出贵重物品，请提前到管理处开具"放行条"，门岗安管员将核条放行。

"放行条"是为了核实业主/住户搬出小区物品的财产权属状况，防止物品被盗、被损、被骗，或被不明身份的人偷拿出小区。

管理处正常办公时间为周一至周五的上午8：30～12：00，下午14：00～17：30，周六和周日正常上班，请要搬家或搬出贵重物品的业主带上身份证，在正常办公时间到管理处开具"放行条"，租户搬家请提前联系业主开具"放行条"，如业主不能亲临，需致电管理处核实。对于没有"放行条"的搬家或搬出贵重物品，管理处将不予放行。

有了您的支持，才有小区的安宁。

服务电话：_____。

_____物业管理有限公司

_____管理处

_____年____月____日

五、通告

通告是管理处向业主发布的较特殊的公告，内容多偏向于对业主某些行为的管理，其中包括禁止业主实施某些行为，如禁止在社区内乱发广告、禁止违规装修、禁止破坏公共设施、禁止高空抛物等，还有一些是对管理处即将采取的管理措施的通告。基于以上内容，在拟订通告文稿时，应特别注意要表达出管理措施的强制性，从文字上引起业主/住户的关注，达到预期的效果。

其写作格式与要求如下表所示。

通告的写作格式与要求

项目	基本要求
标题	通告
首行	填写通告要告知的人员，如"尊敬的各位业主/住户"
正文	可灵活多样，可以介绍事情的经过，要求业主/住户知晓、配合的事项
落款	物业公司盖章、日期

【范本21】高空抛物通告 ▶▶▶

尊敬的各位业主/住户：

中国有五千年的文明史，中国有"礼仪之邦"之称。可是，在我们当中却有个别人或者一件事，让所有人都觉得不能接受，受到大家的指责，因为你损害了大家的权益，你没有社会"公德心"。不禁想问："我们的公德心去了哪里？"

"高空抛物，害人害己"，既影响了卫生环境，又容易把人砸伤，或许您是无意，一次大家都能接受，可两次、三次，如果是您会接受吗？

傍晚是一家团聚的时候，夜晚是休息的时候。您一时之痛快，却使楼下正在休息的人一夜痛苦？像是从噩梦中被惊醒一样，无奈、无助。

"小区是我家，生活环境靠大家"，请各位业主/住户献出一点爱心，让我们的小区生活更加美好。

_____物业管理有限公司

_____管理处

_____年____月____日

【范本22】关于物业维修中心开展特约服务项目通告 ▶▶▶

尊敬的各位业主/住户：

炎热的夏日即将来临，为给广大业主朋友营造一个舒适的室内环境度过酷暑，本公司维修中心将以热情的工作态度、娴熟的维修经验大力推出以下特约服务答谢各住户多年来对我们的支持。

1.清洗各品牌空调过滤网，10元/台。

2.安装换气孔防虫网，20元/个。

3.更换各类水龙头过滤网，10元/个。

服务热线：_____、_____。

再次感谢各位业主的支持和配合。

_____物业管理有限公司

_____管理处

_____年____月____日

【范本23】关于启用门禁系统的通告 ▶▶▶ --------------------

尊敬的各位业主/住户：

　　小区出入门禁系统现已在紧张施工中，按照计划将于____月____日开始正式启用。届时小区将实行全封闭式管理，业主需凭门禁IC卡出入小区各个门口。现将门禁系统的IC卡领取方式及使用规定通告如下。

　　一、领取IC卡方式

　　1.1～15栋的业主请凭房产证于____月____日至____月____日到本公司领取门禁IC卡，每户限免费领取3张。

　　2.16～30栋的业主请凭房产证于____月____日至____月____日到本公司领取门禁IC卡，一居室免费领取2张，两居室以上免费领取3张。

　　二、门禁系统使用管理规定

　　1.小区业主凭门禁IC卡刷卡出入各出入口，门禁IC卡在使用时一人一卡进出闸口。

　　2.行人、自行车、电瓶车、摩托车一律从非机动车道通行，进出闸口时，应注意摆闸开启位置，然后下车推行，摆闸开启不充分时请勿急于通过。

　　3.小区业主乘坐出租车进入小区请出示门禁IC卡，"摩的"载客禁止进入小区。

　　4.来访人员（送货人员）由保安核实来访者（送货者）身份后登记放行。

　　5.门禁IC卡只能作为小区出入口的通行凭证，应妥善保管，不能折叠，远离磁场。

　　6.为确保小区安全，请不要随意出借门禁IC卡，如有遗失，请凭房产证到本公司补办，补办费用为每张20元。遗失门禁IC卡会给小区带来安全隐患，请业主小心存放。

　　7.产权业主可到本公司办理临时门禁IC卡给租户临时使用。

　　____年____月____日至____月____日为门禁系统使用适应期，如业主遗忘携带门禁IC卡，请告知门口保安配合开启门禁系统，____月____日开始全面启用门禁系统，请各位业主相互转告并配合门禁系统的启用！希望我们的服务能给小区业主带来更多的安全保障。

　　　　　　　　　　　　　　　　　　　_____物业管理有限公司

　　　　　　　　　　　　　　　　　　　_____管理处

　　　　　　　　　　　　　　　　　　　_____年____月____日

【范本24】关于弱电系统改造工程完工的通告 ▶▶▶ --------------------

尊敬的各位业主/住户：

　　首先感谢您对本公司工作的理解和支持！在本公司的积极努力及业主的大力配合下，弱电系统改造工程已基本完工，现将部分注意事项提示如下。

　　1.小区出入管理系统和电子巡更系统已于_____年_____月_____日启用。每个门栋楼的黑色小圆点是巡更信息采集点，请业主不要出于好奇或其他原因破坏。

　　2.小区门禁出入系统已于_____月_____日正常启用，为了确保小区门禁系统的正常使用，请积极配合保安进出出入管理工作，进出小区请自行使用门禁IC卡。

　　3.周界电子围栏系统将于即日启用，为了确保您的安全，请不要靠近电子围栏。

小区的安全不仅靠物业的有效管理，还要靠广大业主的积极配合。希望广大业主能积极配合本公司的日常管理，共同建设美好家园！

_____物业管理有限公司

_____管理处

_____年___月___日

【范本25】关于治理私搭乱建的通告 ▶▶▶

尊敬的各位业主/住户：

_____别墅私搭乱建现象由来已久，尤其是近两年最为严重，完全处于无序状态，严重破坏了"采菊东篱下，悠然见南山"的优美，也破坏了别墅的整体升值空间。近期许多业主严正提出："别墅乱搭乱建严重，建筑材料和垃圾四处堆放，严重影响了别墅整体环境，有的影响了邻居的采光，严重影响了广大业主的正常生活，本来悠然的别墅变成了建筑工地，不解决私搭乱建，别墅就永无宁日。"

_____月_____日业主委员会通过的《_____别墅房屋装饰装修管理规定》中第七条规定"庭院装修装饰、加建改建由业主按照国家规定办理手续，凡超过2米高的建筑需征得四邻同意，方可施工。"第九条规定"装修装饰施工中如需使用钢材、水泥、沙石、红砖类建筑材料，每次需凭装修动工许可证到物业服务处办理准入手续。"第十条规定"装修人要在施工前告知邻里"。由于种种原因，这些规定成了一纸空文。

为了别墅、为了全体业主的利益，必须严格执行业主委员会的这一规定。近期，我们将采取如下措施。

1. 通知所有在建工程今年内必须完工，对侵占公共绿地、影响四邻的建筑劝其拆除，恢复原貌。对不听规劝和抗拒者，将向全体业主公示，并向市政府和城管反映。

2. 对没有侵害相邻权和别墅的形象的，请他们补办相应手续。已经办理了房产证的，自己到政府部门补办；没有办理房产证的，自己与开发商协商变更规划图纸。

3. 从_____月_____日起，全面清理别墅建筑材料和建筑垃圾。

（1）凡堆放在公共区域的建筑材料和建筑垃圾，将一律清理，清理费用由该工程队承担。

（2）对庭院内的建筑材料进行登记，整理堆放形状，清运建筑垃圾。

4. 从_____月_____日起，坚决执行《_____别墅房屋装饰装修管理规定》，严禁未经四邻同意和未办理手续的建筑材料进入别墅，并制定细则，严格管理。

尊敬的业主，作为别墅的服务者，深爱着别墅的环境和广大业主们，虽然这里没有一寸土地是我的，但我有责任恢复良好的秩序，请广大业主给予支持和协助，也请各位进行监督和指点，让别墅变成一个大花园，让每位业主置身于花的海洋中。

_____物业管理有限公司

_____管理处

_____年___月___日

六、启事的写作要求与范本

管理处在社区内发布的启事类公告，涉及的内容相对于其他类别的公告较少一些，一般只涉及失物招领、寻物等内容。在拟订启事时，应注意标明时间、地点及所要招领或寻找的物品的特征等即可；当然，一定要注明联系的方式。

其写作格式与要求如下表所示。

启事的写作格式与要求

项目	基本要求
标题	失物招领或寻物启事等
首行	填写启事要告知的人员，如"尊敬的各位业主/住户"
正文	（1）失物招领：可灵活多样，可以介绍事情的经过，失物的情况，要求失物者何时到何地凭什么证件去领失物 （2）寻物启事：介绍何时何地丢失了何物，要详细描述失物的特征，并写明返回有酬谢之类的话
落款	写启事者签字及日期

🔍【范本 26】失物招领启事 ▶▶▶ --------------------------------

尊敬的广大业主：

管理处工作人员近日在巡楼中拾得钥匙数串，敬请丢失者携带相关证件到客户服务中心认领。再次提醒各位业主及物业使用人注意保管好自己的物品，以免给您的生活带来不便。

_____物业管理有限公司

_____管理处

_____年____月____日

🔍【范本 27】寻物启事 ▶▶▶ --------------------------------

由于本人（_____）不慎，于_____年____月____日将联想笔记本电脑遗落，具体地方_____，令我茶饭不香，后悔莫及。

银白色外壳；型号为旭日 420M；内存 512 兆；硬盘 80G；集成显卡；总价值 5200 元；不带正版 WINDOWS 系统盘；电池右侧锁键不太灵活；购买于____年____月，九成新。

这台联想笔记本电脑对我有非凡的意义，本人愿意出 100 元酬谢拾到的好心人。

希望捡到的人能与我联系，本人十分感谢！

我的地址是：_____。

联系电话或邮箱：_____、_____。

启事人：_____

____年____月____日

第三节　开展丰富多彩的社区文化与业户沟通

物业公司应以社区文化为纽带，与业主建立联系。管理处应于每年年初制订年度的社区文化活动计划，为业主举办形式多样、内容丰富、喜闻乐见的联谊活动。

组织业主开展植树活动

一、社区文化的内容

社区文化的表现形式是典雅、舒适的环境，自由、和谐的气氛，安全有序的交通管理，方便快捷的通信信息，以及人人身体力行的文明言行。据此，社区文化大致有下图所示的几方面的内容。

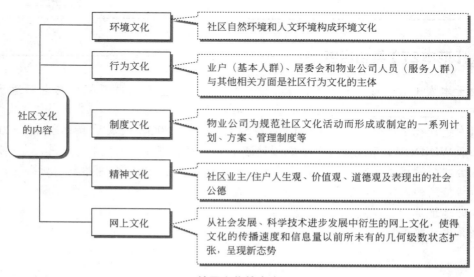

社区文化的内容		
	环境文化	社区自然环境和人文环境构成环境文化
	行为文化	业户（基本人群）、居委会和物业公司人员（服务人群）与其他相关方面是社区行为文化的主体
	制度文化	物业公司为规范社区文化活动而形成或制定的一系列计划、方案、管理制度等
	精神文化	社区业主/住户人生观、价值观、道德观及表现出的社会公德
	网上文化	从社会发展、科学技术进步发展中衍生的网上文化，使得文化的传播速度和信息量以前所未有的几何级数状态扩张，呈现新态势

社区文化的内容

二、社区文化建设的要点

（一）环境文化建设要点

小区的自然环境和人文环境构成环境文化。社区环境是社区的脸面，是社区文化的依托，最直接、最明显地体现社区文化的精髓。环境文化建设是文化建设的起点，是社区文化最直观的外在表现，它有助于提升业主/住户的文化修养，也时时刻刻影响着业主/住户的心理和情绪，影响业主、环境建设的生活质量。

环境文化建设可先设立目标，落实组织机构与管理制度、环境建设主要措施和激励机制，然后分步骤组织实施，其要点如下图所示。

要点一 设立目标

小区文明洁净，环境质量良好；资源合理利用，生态良性循环，基础设施健全；生活舒适便捷，形成环保意识

要点二 组织机构与管理制度

设立环境管理的专门部门。专人负责，齐抓共管；拟订制度，及时监督。邀请业主代表组成环保小组，义务监督、沟通信息、发现问题，以便及时处理并定期公布环境公告

要点三 环境建设主要措施

排水管道实行雨污分流，拟建生活污水处理装置，家庭污水进入污水管网，食物垃圾粉碎后从下水道排走；垃圾分类袋装和资源化回收、无害化处理；垂直绿化和立体绿化；噪声监测和管制，空气污染控制等

要点四 激励机制

宣传环保，倡导环保，奖惩分明。每季度组织业主开展一次环保活动；每个月举办一次环保讲座，出一次专刊；每年度进行一次环保评比奖励。开展如"树木领养""拥有一片家园"等活动，激发业主共同关心环境的潜在热情；形成节约资源、能源的良好习惯，倡导业主尽可能重复使用塑料制品。引导小区内的市场、商场使用环保包装材料；与环保部门联系，解决小区环保购物袋的来源问题

要点五 拟订小区环境手册

对小区的标志系统、办公系统、制服系统、公共设施系统、整体外观系统等进行全面的统一设计，真正做到和谐统一、有章可循，避免盲目散乱和视觉污染

要点六 ▷ 传播、交流人文理想

确定小区区花、吉祥物，形成个性化的识别体系，通过放养广场鸽、饲养锦鲤等活动，实现回归自然的人文理想

要点七 ▷ 开展认证工作

开展 ISO 14001 环境管理体系质量认证，保护环境的高度整洁与和谐，通过优美的环境，培养业主的自律意识，养成爱护环境、关心家园的良好习惯

环境文化建设要点

环境文化的塑造

（二）精神文明建设要点

精神文化是社区文化建设的核心，是小区业主人生观、价值观、道德观等的重要生成途径。精神文化的内涵是中国传统文化精髓和现代科技思想的高度融合。精神文明建设体现在热爱生活、自我实现、关心他人、长幼有序、平等沟通等种种良好精神风貌上，可通过各种途径来落实。

（1）利用各种纪念日、节假日传播文化精神。

（2）开展各种形式的主题讲座、主题演讲，树立文化观。

（3）举办各种展览。

（4）办好墙报、宣传栏、读报栏，办好小区月报。

（5）举办各种主题研讨会，围绕传统文化和现代科技做好文章。

社区文化宣传栏

（三）制度文化建设要点

社区文化活动要有效、持续地开展，达到既定目标，须建立、健全各项制度，建立组织机构、制定管理规章。

制度文化建设的内涵如下。

（1）制定文化手册。通过该手册对社区文化形成的思想和行为进行诱导及约束。

（2）设立社区文化部，专职组织开展社区内的各种文化活动。在引导、扶植自发活动的基础上，形成各种有序的组织，如足球队、篮球队、秧歌队、合唱队、象棋小组等。

（3）开放业主图书馆、科技馆，建立相应的阅览、评比竞赛制度。

（4）开办业主学校，实施业主教育计划，设家政班、书画班、计算机班、插花班、茶艺班等，提高业主的文化素质。

（5）制订计划，组织各项文化活动。

（6）对各种社区文化活动加以制度规范，包括时间、地点、内容、方式、程序等，保证文化活动朝着积极、健康、有益的方向发展。

（四）行为文化建设要点

行为文化建设的内涵是指在小区开展丰富多彩、行之有效的社区文化活动。具体活动内容包罗万象。具体做法如下。

（1）开展文化娱乐活动，举办体育健身活动。

（2）组织兴趣相同的业主开展各种交流活动。

（3）开展小朋友乐于参加的生日、节日活动。

（4）组织老年人集体郊游，举办医疗咨询、膳食调理讲座。

（五）网上文化建设要点

网上文化是社会发展和科技进步产生的新手段、新途径，同时也为业主的精神生活增添了新乐趣。建设要点如下。

（1）开设小区网址、网页，为社区文化建设开辟新通道，搭建新舞台。

（2）与国际互联网连通，交天下友、读天下书、论天下事。

（3）在小区网页上，传播社区新闻，加强邻里沟通。

三、要开展社区文化需求的调研

社区文化活动应该百花齐放，满足不同层次者的兴趣爱好，兼顾不同类型的文化品位。这就要求客户服务中心充分做好社区文化调查工作，真正摸清客户在想什么，需要得到什么样的文化服务，愿意参加怎样的社区文化活动。

需求调研是策划的第一步，即先了解所辖物业区域内业主/住户对社区文化活动的需求。至于社区文化活动的需求调研方法，与其他延伸服务的方法相同，可以利用业主/住户调查问卷或相关分析等办法来进行。

四、每年至少一次要制订社区活动计划

社区文化活动的计划编制至少每年应进行一次，具体应从便于时间、力量安排的角度出发，按月做活动安排。

下面提供一份某小区年度社区文化活动计划，以供参考。

【范本28】某小区年度社区文化活动计划 ▶▶▶ ---------------------------------

前言

目前为止，某小区一期业主入住率已达85%以上，二期于4月底开盘，业主装修期预计3个月，8月以后才会有二期业主陆续入住。因此本年社区文化活动中上半年部分活动将配合开发商营销进行，下半年主要组织互动性较强的活动。参照物业公司上一年度社区文化活动，本年将组织元宵游园、体质测试、少儿夏令营、海岸沙滩、登山、HAPPY家庭节、圣诞节等一系列活动，开展关怀业主生活与节日的特色活动，如"关注女性月""母亲节"等；计划成立社区足球、网球、摄影俱乐部，积极组织业主参与活动。搭建社区沟通的平台，深化与一期业主的良好关系，开展与二期业主的沟通与交流，促进小区内业主之间、业主与物业公司工作人员之间的良好沟通与交流，使我们的小区成为一个高尚、文明、祥和的社区。

第一部分：年度社区文化工作目标

利用开发商和社会各方面的社区文化资源，积极配合物业公司开展社区间的文化交流活动，营造小区独特的社区文化氛围，使我们的小区成为高尚社区文化品牌。

第二部分：年度社区文化活动工作计划

序号	计划项目	计划时间	备注
1	元宵游园活动	2月7日	猜谜、吃元宵、小游戏等
2	女性活动月	3月8日	"魅力女人、美丽有约"送花活动
3	业主体质测试	4月	统一安排时间，体现关心自身健康、关爱家人

续表

序号	计划项目	计划时间	备注
4	母亲节活动	5月	赠送鲜花、贺卡等，结合配乐诗朗诵、海报宣传等手段，营造立体文化氛围
5	成立社区摄影协会	6月	组织外出采风（收费）、开展摄影知识讲座（免费）
6	登山活动	6月	
7	成立社区网球俱乐部	7月	可外请教练进行培训（收费）
8	海岸沙滩活动	7月	沙滩活动（或海岸活动）
9	少儿夏令营	8月	公司统一安排
10	HAPPY家庭节		9月中秋节活动，10月社区网球比赛
11	成立老年俱乐部/重阳节登高活动	10月	
12	第三届观鸟活动	11～12月	鸟类知识讲座、到生态公园参加观鸟活动等
13	圣诞节活动	12月24日	
14	社区文化年度回顾	12月	

第三部分：年度社区文化宣传工作计划

序号	计划项目	计划时间	备注
1	安全防范知识宣传	1月	
2	养犬法规宣传	2月	
3	高空抛物宣传	3月	
4	健康知识宣传	4月	
5	装修常识宣传	5月	
6	物业管理法规宣传	6月	
7	消防知识宣传	7月	
8	高空抛物宣传	8月	
9	养犬法规宣传	9月	
10	安全防范知识宣传	10月	
11	小区公益宣传	11月	
12	年度社区文化回顾	12月	

五、社区文化宣传动员

（一）动员积极分子参与

活动前做好社区居民的宣传动员工作，特别是动员一些居民积极分子进行活动前的排练和预演，以提高社区居民的参与热情。平时就要了解住户中有哪些特殊爱好者，与他们进行沟通，征求他们对社区文化活动的意见，邀请他们参与策划、组织及各类活动。

社区文化积极分子名单

序号	姓名	爱好或特长	房号	联系电话	备注

（二）将活动广而告之

开展社区活动必须让所有的人知晓，所以可以在公告栏上以通知或者邀请函的形式发布出来。通知的写法请参考其他章节的内容，在此提供四个范本供参考。

【范本29】重阳节活动的通知 ▶▶▶ --------------------------------------

尊敬的小区业主：

金秋送爽，丹桂飘香，农历九月初九的重阳佳节即将来临，为了让小区的老年人有个开阔视野、交流感情、锻炼身体、回归自然的机会，我处将组织重阳节活动。

活动由_____花园业主委员会组织，_____物业管理有限公司协助，请我小区住户踊跃报名参与。具体安排如下。

活动时间：____年____月____日9：00～17：30，于17：30开始晚餐，晚餐后集体统一返回。

活动地点：_____。

报名时间及注意事项。

1.报名时间：____年____月____日至____年____月____日9：00止。

2.报名地点：_____花园客户服务中心。

3.报名条件：身体健康、行动方便的_____花园业主及业主直系亲属或房屋使用人均可报名。

4.业主及业主直系亲属报名时每人需缴纳10元活动费（报名后此费用不予退还）。

5.房屋使用人报名时每人需缴纳30元活动费（报名后此费用不予退还）。

6.本次活动包含中餐、晚餐、棋牌，费用来源为业主公共部分收益和活动参与者支付的报名费。

7.乘车路线为：＿＿＿＿＿＿＿＿＿＿＿＿＿＿＿＿＿，终点站有人接待。

本次活动主要是邻里间的沟通、认识、了解，弘扬敬老爱老的传统美德，促进小区的和谐健康发展。

＿＿＿＿＿＿花园业主委员会

＿＿＿＿＿年＿＿月＿＿日

【范本30】中秋活动邀请函 ▶▶▶

尊敬的＿＿＿＿＿＿花园业主/住户：

你们好！

又是一年金秋到，中秋节是我国仅次于春节的第二大传统节日，值此中秋佳节即将来临之际，＿＿＿＿＿＿花园管理服务中心全体员工向＿＿＿＿＿＿花园业主/住户致以节日的问候，祝大家家庭和睦、团团圆圆、幸福美满！

感谢你们长期以来对我们物业服务工作的支持，正因为有了你们的支持、理解与信任，才使我们的各项工作得以顺利开展。物业服务工作需要你们的监督，更离不开你们的热情参与。我们真诚期待你们能一如既往地关注我们的工作，协助我们把物业管理服务做得更细、更好、更贴近你们的生活。

中秋佳节来临之际，＿＿＿＿＿＿物业管理服务中心全体人员与全体业主/住户共庆中秋佳节。为打造"＿＿＿＿＿＿花园"小区和谐社区文化，＿＿＿＿＿＿公司与＿＿＿＿＿＿物业管理有限公司共同举办"庆国庆、迎中秋"游园晚会活动。

活动时间：＿＿年＿＿月＿＿日（星期＿＿）晚18：00～22：00。

活动地点：＿＿＿＿＿＿花园中心广场。

活动内容：趣味游戏、文艺表演，现场抽奖，现场敬备礼品、饮料、小食品等。

诚邀＿＿＿＿＿＿花园所有业主及家人齐聚"＿＿＿＿＿＿花园"，共度中秋佳节。

花园物业管理服务中心全体员工真诚地期待您及您的家人热情参与。最后，祝各位业主/住户节日愉快、身体健康、工作顺利！

＿＿＿＿＿＿＿物业管理有限公司

＿＿＿＿＿＿＿＿＿管理处

＿＿＿＿＿年＿＿月＿＿日

【范本31】迎双节文艺会演活动通知 ▶▶▶

尊敬的各位业主/住户：

"迎中秋，庆国庆！"在这万家团圆、举国欢庆的日子来临之际，管理处将组织一场丰富多彩的"迎双节"社区大型文化文艺会演活动，同时将举办猜谜、钓鱼、套圈、蒙眼敲锣等内容丰富、益智娱乐的参与项目，并有大量精美的奖品赠送，望各位业主/住户踊跃参加。

活动时间：＿＿＿年＿＿＿月＿＿＿日下午18：30分开始，地点：＿＿＿＿＿＿＿＿广场。

＿＿＿＿＿＿＿＿物业管理有限公司

＿＿＿＿＿＿＿＿＿＿＿＿管理处

＿＿＿＿＿＿＿年＿＿＿月＿＿＿日

🔍【范本32】圣诞联欢晚会通知 ▶▶▶

花园管理处将于＿＿＿年＿＿＿月＿＿＿日（星期＿＿＿）举办"圣诞联欢晚会"，晚会文艺节目特邀请广大业主/住户积极报名参与，节目报名地点＿＿＿＿＿＿＿＿花园管理处。文艺节目将在12月15日、21日两天进行集中彩排，希望广大业主/住户大力支持。

特此通知。

＿＿＿＿＿＿＿＿物业管理有限公司

＿＿＿＿＿＿＿＿＿＿管理处

＿＿＿＿＿＿＿年＿＿＿月＿＿＿日

第四节　走访回访

物业公司要做好物业管理服务工作，加强与业主/住户的联系，及时为业主/住户排忧解难。同时，应不断总结经验教训，集思广益，改进管理水平，提高工作质量，应经常开展回访工作。做好回访工作，有利于促进物业公司和业主/住户的关系，更好地为社区管理服务。

一、回访的方式

在进行回访时，为了不影响业主/住户的正常生活、工作，一般采用电话回访的方法，还可以采取与业主/住户交谈、现场查看、检查等方式综合进行。回访由物业公司派专人负责，不定时进行。

二、回访的内容

回访内容主要包括水、电、暖、气等生活设施的使用及管理，卫生管理、绿化管理、公共管理、维修质量、服务态度等方面的问题。

三、关于投诉的回访

（1）回访时应虚心听取意见，诚恳接受批评，采纳合理化建议，做好回访记录。回访记录指定专人负责保管。

（2）回访中，如对业主/住户的问题不能当即答复，应告知预约时间回复。

（3）物业管理部门的其他人员接（听）到业主/住户的意见、建议、投诉或反映问题时，应及时反馈给部门领导或回访专责管理人员，并认真做好记录。对不属于本部门职权范围内的事项，应及时呈报上级部门处理，不得推诿、扯皮。

（4）回访后对业主/住户反馈的意见、要求、建议、投诉，应及时整理，快速做出反应，妥善解决，重大问题向上级部门请示解决。对业主/住户反映的问题，要做到件件有着落、事事有回音，回访处理率100%，投诉率力争控制在1%以下。

（5）接到业主/住户投诉，应首先向业主/住户表示歉意和感谢，并做好投诉登记。对于重大的投诉，部门领导应组织相关人员向业主/住户进行检讨和说明，及时落实解决措施及责任人，限期处理和整改。

（6）对投诉必须100%回访，必要时可进行多次回访，直至业主/住户满意为止。

四、关于维修的回访

秉着对业主、用户负责，也为确认和考核维修质量及维修服务人员的工作态度，维修工作完成后，一定要做回访，这也是许多物业企业通行的做法。

（一）维修回访的内容

（1）实地查看维修项目。
（2）向在维修现场的业主/住户或家人了解维修人员的服务情况。
（3）征询改进意见。
（4）核对收费情况。
（5）请被回访人签名。

（二）维修回访原则

小事、急事当时或当天解决，如果同时有若干急事，应如实向业主/住户通报，协商检查解决时间。一般事情，当天有回应，3天内解决；重大事情，3天有回应，7～15天内解决。对维修后，当时看不出维修效果的，或可能再出现问题的，应进行多次问访；对维修效果很明显或属正常低值易耗的可进行一次性回访。

（三）维修回访语言规范

回访工作可以亲自上门拜访、实地查看，也可以通过电话与业主进行沟通确认，无论以何种方式进行，用语都要规范，声音要温和，表达要清晰。以下是一些常见的回访用语，可借来灵活运用。

"您好，我是××物业××××管理处的员工，今天来回访，请问您对我们的维修服务质量是否满意？"

"先生（女士），您的水龙头现在还会不会漏水？我们的维修服务人员态度，您满意吗？"

"先生（女士），您在电话中反映的有关维修服务人员乱收费的情况，我们已做了调查与处理，今日特来回访，与您沟通一下情况。"

（四）维修回访时间要求

回访时间一般安排在维修后一星期之内。如安全设施维修，2日内回访；漏水项目维修，3日内回访。每个物业公司都会有相应的规定，如某知名物业企业对维修回访做出如下规定。

（1）对危及住户生命、财产安全的，如出现天花板掉批档层，墙裂缝严重，灯罩松动，橱柜松动、倾斜，电器外壳带电等问题，马上给予处理解决。处理后，一周内回访一次，并视情节轻重，必要时采取不断跟踪回访。

（2）房内墙角、天花板出现渗水现象，在接到通知后，马上到现场查明原因，在两日内给予判断、处理、解决，维修后第二天回访一次，如是雨水造成的，在下雨后马上进行回访一次。

（3）洗菜池、洗脸池、坐便器或其他管道堵塞或漏水的，当日予以解决，次日回访。

（4）电视机、录像机、电冰箱、电烤箱等家电出现问题的，当天予以检查，若属简单维修的，如插头断了或接触不良需修理的，在维修后的第二天回访一次。

（5）业主的电视收视效果差时，应马上与有关单位联系，2日内予以解决，次日回访。

（6）业主房内墙出现裂缝，但不危及生命或影响正常生活，可与有关单位联系，3日内予以解决，5日内回访一次，一个月内回访第二次。

特别提示

无论管理处对回访做出怎样的规定，维修主管或回访工作人员都应熟知规定，并且在每日上午上班时就要认真检查维修记录，确认当日应回访的维修服务，确保回访工作准时执行。还有一个好办法就是头天下午下班之前就进行检查，并把次日应予以回访的事项记录在工作日志上。

（五）回访问题处理

一般而言，对回访中发现的问题，应在24小时内书面通知维修人员进行整改。

五、上门走访回访的安排

虽然信息时代流行电子邮件，可以打电话、发传真或进行文字沟通，但始终难以代替最古老、最朴素的促膝长谈，双方的情绪、眼神、肢体语言、面部表情可以相互感染和影响，一杯热茶、一瞬微笑可以前嫌尽释，化干戈为玉帛，完全融解了文字的冰冷和电话的客套，有着其他方式无法比拟的优点。但这也并不十全十美，当双方观点不一致和关系出现僵局时，稍有不慎有时反而导致矛盾升级。

（一）人员安排

走访业主时应注意一些问题，例如走访通常由两个人组成一个小组，人多了，轰轰烈烈的反而给人感觉是去"打架"，给业主造成心理上的压力，业主端茶倒水都困难；小组成员通常是一男一女，不管业主是男是女，都不会引起尴尬和不便，成员之间也有了照应和第三者做个见证。

（二）走访的时间安排

（1）走访的时候可以安排在业主下午下班后较为合适，占用业主休息时间也是不尊重对方的表现。

（2）走访的时间长短适宜，太短达不到效果，太长影响业主正常生活，通常是20分钟或一个小时，当然也不宜一概而论。

（3）走访应提前预约，不能给业主来突然袭击。

六、走访、回访的细节

物业管理人员在走访、回访业主（用户）时要讲究方法和技巧，才能够取得最佳效果。以下介绍一些走访时的细节事项。

（一）见面问候时最好点名道姓

进入业主（用户）家门时，我们通常会说："您好，见到您很高兴。"但如果这样说："王先生，您好，见到您很高兴。"其效果会更好，因为后者比前者要更亲切热情。

（二）如果业主（用户）没请你坐下，你最好站着

进入业主（用户）家时，如果他没请你坐下，最好不要自己坐下。坐下后，不应直接掏烟给业主（用户），如业主（用户）请你抽烟，应表示感谢。抽烟时，千万不要把烟灰和火柴头掉到地板上，那是非常不得体的。

（三）不要急于出示随身携带的资料

只有在交谈中提及了，且已引起了对方的兴趣时，才向业主（用户）出示随身所带的资料。同时，回访前要做好充分的准备，针对你去业主（用户）家要解决的问题，预先要考虑业主（用户）可能会提出的一些问题，在业主（用户）提出问题时，应给予详细的解释或说明。

（四）主动开始谈话，珍惜时间

在回访时，应该主动开口，表达简洁准确，不要占用业主（用户）过多的时间，以免引起反感。

（五）时刻保持相应的热情

在回访时，如果对某一问题没有倾注足够的热情，那么，业主（用户）也可能会失

去谈论这个问题的兴趣。

当业主（用户）因为某些问题而情绪激动，不配合工作时，应提早结束回访，避免不仅不能解决原有的问题，而且又产生新问题，把事情弄得更糟。

（六）学会听的艺术

进行回访时，不仅要会说，还要学会倾听。听有两个要求，首先要给业主（用户）留出说话的时间；其次要"听话听音"。当业主（用户）在说话时，最好不要打断他，听他把话说完。应做好准备，以便利用恰当的时机给予响应，鼓励他讲下去。

不能够认真聆听别人说话的人，也就不能够"听话听音"，更不能很好地回答对方的问题。在回访时应注意，不论是在社交场合，还是在工作中，善于听是一个人应有的素养。

（七）避免不良的动作和姿态

在回访时，应保持端庄得体，不做无关的动作或姿态，如玩弄手中的小物品、用手理头发、搅舌头、剔牙齿、掏耳朵、弄指甲、盯着天花板或对方身后的字画等，这些动作都有失风度。

也千万不应忘记自己的身份而故作姿态，卖弄亲近，如"咱俩无话不谈，要是对别人，我才不提这个呢！"俚话和粗话更应避免。

（八）要善于"理乱麻"，学会清楚地表达

在说话时，表达应清晰准确，善于概括总结。不会概括的人，常令人不明所以；叙事没有重点，思维头绪混乱的人，会使人们茫然无绪，不知所措。注意自己说话的语气和语调。说话要保持清晰，喉音、鼻音不宜太重，语速徐缓，语调平稳，而充满朝气的语调会使自己显得年轻。

（九）注意衣着和发式

回访时记住自己代表着公司，体现本企业的形象，千万不要给人一种不整洁的印象，这样不仅无助于回访事情的解决，还会影响整个企业的形象。

（十）避免过度关心和说教

过度关心和说教应该避免，要表现出诚意和合作精神。

（十一）告别

回访结束出门时，要带好自己的随身物品，如公文包、资料等。告别语一定要适当并简练，千万不要在临出门时又引出新的话题。

七、走访回访的记录

在回访工作管理中，有许多记录与表格一定要做好，以便责任明晰，也便于进行统计分析，找出物业维修管理工作中的缺点，寻求最佳解决措施，以提升工作效率。

客户回访记录表

_____管理处 　　　　　　　　　　　　　　　年　　　月　　　日　　　时

客户地址		姓名		联系电话		□业主 □租户
回访情况						
				回访人签名：		
客户意见改进情况						
				跟踪人签名：		

保存期：2年。

走访情况记录表

编号：

被走访业主（住户）姓名：	联系电话：
被走访业主（住户）详细地址：	

用户反映情况	
	业主（住户）签章： 　　　　　年　　月　　日
存在问题及建议	
处理意见	

走访人签字：　　　　　　　　　　　　　　　走访时间：

月度回访清单

年　月　日

序号	回访表格编号	回访日期	用户房号	用户名称	回访事项	回访人	回访结果	备注

审核：　　　　　　　　　　　　　　　　制表：

第五节　通过意见征询与业户沟通

为加强物业管理处与小区业户之间的联系与沟通，及时了解业户的心声，应建立业户意见征询表制度。管理处每年一次通过"意见征询表"形式，征询业户意见及建议；并将重大投诉及其整改措施，用公开信形式张贴在小区宣传栏，与业户沟通。

一、意见征询的内容

意见征询的内容有治安、车辆、清洁、绿化、公共设备设施、社区文化活动、便民服务等，管理处可视实际情况选择每次征询的内容。

二、意见征询的方式

征询方式一般为问卷调查。

物业服务满意度调查问卷

业主姓名　　　　门牌号　　　　车位号　　　　车牌号　　　　联系电话

为了不断提高办公区物业管理的服务质量，我们非常希望了解您对我们物业管理中各项服务的真实感受，请在您认为最合适的选项中划"√"。该调查是我们公司对2011年3月物业管理工作满意度进行的调查，同时也是我们今后改善物业管理的依据。

一、管理服务类

1.您对物业工作人员的行为规范、服务热情是否满意？

☐非常满意　　　☐基本满意　　　☐不满意　　　☐非常不满意

2.您对物业公司客服热线的接听及时率是否满意?

☐非常满意　　　☐基本满意　　　☐不满意　　　☐非常不满意

3.您对投诉的处理是否满意?

☐非常满意　　　☐基本满意　　　☐不满意　　　☐非常不满意

二、秩序维护服务类

1.您对保安工作是否满意?

☐非常满意　　　☐基本满意　　　☐不满意　　　☐非常不满意

2.您对保安夜间巡逻密度及巡逻线路是否满意?

☐非常满意　　　☐基本满意　　　☐不满意　　　☐非常不满意

3.您对严格控制外来车辆、外来人员入内是否满意?

☐非常满意　　　☐基本满意　　　☐不满意　　　☐非常不满意

4.您对车辆停放秩序是否满意?

☐非常满意　　　☐基本满意　　　☐不满意　　　☐非常不满意

三、保洁服务类

1.您对保洁服务人员的工作态度是否满意?

☐非常满意　　　☐基本满意　　　☐不满意　　　☐非常不满意

2.您对道路的卫生是否满意?

☐非常满意　　　☐基本满意　　　☐不满意　　　☐非常不满意

3.您对室内和公共区域的卫生是否满意?

☐非常满意　　　☐基本满意　　　☐不满意　　　☐非常不满意

4.您对绿化是否满意?

☐非常满意　　　☐基本满意　　　☐不满意　　　☐非常不满意

四、维修服务类

1.您对目前维修服务工作总体评价如何?

☐非常满意　　　☐基本满意　　　☐不满意　　　☐非常不满意

2.您对物业维修服务人员维修的及时率是否满意?

☐非常满意　　　☐基本满意　　　☐不满意　　　☐非常不满意

3.物业公司对报修房屋质量问题的处理是否令您满意?

☐非常满意　　　☐基本满意　　　☐不满意　　　☐非常不满意

五、其他类

1.您对我们物业整体的服务是否满意?

☐非常满意　　　☐基本满意　　　☐不满意　　　☐非常不满意

2.您对物业服务不满意的主要原因是?（可多选）

☐人员素质低　　　　　　　　☐服务不到位

☐服务态度差　　　　　　　　☐资金使用不透明

☐不听取业主的意见 ☐安保服务不到位

☐该管的不管 ☐其他请说明_____

3.您认为一个好的物业公司主要应具备哪些条件?（可多选）

☐及时完善的专业服务 ☐价格合理

☐有资质 ☐从业人员素质较高

☐其他请注明_____

六、您对目前物业工作有何其他方面的建议和意见?

_____

_____

七、需要提供哪些服务内容?

_____

_____

再次感谢您的支持和配合！我们将不断努力，为您提供满意的服务。
谢谢！

三、意见征询结果的统计与分析

　　物业公司应对征询和结果按治安、车辆、清洁、绿化、公共设备设施、社区活动、便民服务等进行分类统计（见下表），出具"客户意见征询分析报告"，对未达到质量目标和客户普遍反映的问题，根据其程度采取相应的改进方法和纠正、预防措施。

　　征询的客户意见由客户服务中心安排人员统一进行回访，并填写"回访记录表"（客户意见）。

客户意见调查统计表

部门： 年 半年

单位＼结果	1	2	3	4	5	6	7	8	9	10	11	12	13	14	15	16
合计																
备注	表中的编号与"客户意见调查表"中的调查项目编号一一对应															

统计人： 日期： 归档： 日期：

意见调查表发放/回收率统计表

部门： 年 半年

客户总数		调查表发放份数		调查表回收份数	
发放率 = $\dfrac{发放份数}{客户总数}$ = ———— ×100% =					
备注					

统计人： 归档：
日 期： 日 期：

客户意见调查分析报告

部门： 年 半年

序号	项目名称	各项满意率统计	备注
1	供　电	(_____/总数_____) ×100%=	
2	供　水	(_____/总数_____) ×100%=	
3	投诉接待	(_____/总数_____) ×100%=	
4	维修速度	(_____/总数_____) ×100%=	
5	维修质量	(_____/总数_____) ×100%=	
6	服务态度	(_____/总数_____) ×100%=	
7	公共卫生	(_____/总数_____) ×100%=	
8	公共设施	(_____/总数_____) ×100%=	
9	社区文化	(_____/总数_____) ×100%=	
10	保安执勤	(_____/总数_____) ×100%=	
11	园林绿化	(_____/总数_____) ×100%=	
12	空调管理	(_____/总数_____) ×100%=	
13	电梯管理	(_____/总数_____) ×100%=	
14			
15			
16			
17	综合满意率 = $\dfrac{各项满意率之和}{项目总数}$ ×100%		

统计分析方法：
调查表共有（　　　）项调查内容，每项有_____种答复。统计分析计算每项及其综合满意率（各项计算公式为，该项_____满意数/回收的调查表总数×100%=该项满意率）。根据各分项满意率进行总结分析

分析结果（附统计表，本页不够填写时可另附页）：

分析人： 日 期：

质量管理部： 部门负责人：
日　　期： 日　　期：

 **实例** ▶▶▶ ---

物业年度满意度调查分析

××公司现共有部门5个，公司物业管理部组织于×月×日进行物业服务满意度调查，共抽访了×个部门中的××位。此次主要针对综合服务质量、秩序维护、卫生清洁、会议服务、设备维护等项目进行调查分析。

本次调查共发出《××小区物业服务满意度调查问卷》××份，收回××份，回收率为××%。

根据业主满意度调查的结果，我们统计出××小区业主对我公司服务质量的总体满意度为××%。

一、评价标准

很满意　　对人员需求的满足超过其正常期望

满　意　　对人员需求的满足达到其正常期望

一　般　　未达到正常期望，但也予以认可

不满意　　对人员需求的满足不认可

二、各项目调查表格及满意度

类别	项目	非常满意 /%	满意 /%	一般 /%	不满意 /%
综合服务质量	1.您对目前本项目的物业服务工作整体是否满意	51.1	46.7	2.2	0
	2.您对物业服务人员的仪容、仪表是否满意	53.3	46.7	0	0
	3.您对物业服务人员的服务态度是否满意	7.1	26.7	2.2	0
	4.您对物业服务投诉和建议回馈的及时性、有效性是否满意	41.0	57.8	2.2	0
	5.您对重要接待的物业服务配合是否满意	51.1	46.7	2.2	0
秩序维护	6.秩序维护工作	46.7	51.1	2.2	0
	7.停车场车辆协调工作	40	46.7	13.3	0
	8.人员及物品出入控制工作	42.2	51.1	6.7	0
	9.防汛等突发事件应急处理	35.6	64.4		0
卫生清洁	10.办公室区域卫生清洁工作	62.2	35.6	2.2	0
	11.外围庭院卫生清洁工作	53.3	46.7		0
	12.会议室卫生清洁工作	53.3	44.4	2.2	0
	13.个人自用物品的清洁服务质量	55.6	42.2	2.2	0
	14.消杀工作	44.4	48.9	6.7	0

续表

类别	项目	非常满意/%	满意/%	一般/%	不满意/%
会议服务	15.会务人员在会议期间的服务工作	51.1	42.2	6.7	0
	16.会议室的预订及协调工作	48.9	46.7	4.4	0
	17.空调、物资、投影仪、激光笔的会前准备情况	35.6	46.7	15.6	2.2
设备维护	18.设备的日常维护工作	33.3	51.1	13.3	2.2
	19.节能管理情况	37.8	51.1	11.1	0
	20.维修的及时性和效果	35.6	53.3	11.1	0
合　计		47.2	47.3	5.3	0.2

满意度

■ 非常满意 ■ 满意 ■ 一般 ■ 不满意

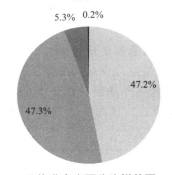

总体满意度百分比饼状图

各项服务满意度百分比

满意度 类别	非常满意/%	满意/%	一般/%	不满意/%
综合服务质量	53.3	44.9	1.8	0
秩序维护	41.1	53.3	5.6	0
卫生清洁	54	43.8	2.2	0
会议服务	45.2	45.2	8.9	0.7
设备维护	35.6	51.9	11.8	0.7

三、数据分析

1.根据调查数据显示，在综合所有调查项目后，统计所得数据显示物业服务总体满意度达94.5%，呈现较高水平。××小区业主对物业服务的总体评价较好。

2.有11.8%的被调查人员认为设备维修方面较一般，其中主要表现在设备的日常维护工作、节能管理情况、维修的及时性和效果等方面。有13.3%的被调查人员认为停车场的车辆协调工作未达到满意度，空调、物资、投影仪、激光笔的配备还需要进一步完善。

3.各个部门的消杀工作未得到及时处理，被调查人员反映蚊虫多，需及时配备消杀工具并定期消杀。

四、部分业主的意见与建议

根据客户填写的满意度调查问卷，汇总出如下几项。

1.未能及时进行有效的垃圾分类，没有做到真正的环保。

2.大桶水的配送问题。

3.建议增添绿色植物。

4.空气质量差，装修气味较大。

5.消杀工作不彻底。

6.空调出风口适当调整。

7.设备完好率有待提高。

8.对于外来车辆的管理问题；对内部车辆进行有序停放。

五、总结

综上所述，本次调查的整体满意程度达到94%以上，各方面数据显示，业主对我们的服务相对达到比较满意的程度。在今后的工作里，我们将以更大的工作热情来服务业主，积极处理业主提出的意见与建议，加强各部门的协调、沟通及合作，不断提高服务质量，力争所有调查项目的满意度达100%，赢得更多业主的支持、认可和信赖。

第六节　其他与业主沟通的方式

一、利用短信群发的方式传递信息

用群发短信平台的方式将信息传递给业主，包括与业主家居生活息息相关的问题（例如煤气开关、停水、停电、小区除虫喷药等），温馨提示，小区大型活动通知，节日问候，最新的物业政策法规等。以此来体现物业公司贴心的人性化服务理念。

二、设立服务热线和意见箱与业主沟通

设立服务热线是听取业主意见、加强业主与管理之间沟通最直接、最有效的方法之一。管理上应有专人负责接听电话，并按投诉来访的程度进行记录。细致地做好答疑解惑工作，及时准确地处理好业主的投诉和回访，给业主一个满意答复。同时，为提高物业管理的服务质量和水平，让业主更多地参与到管理工作中，也为了收集到业主对管理工作更多、更具体的意见，管理处应在物业管理小区显著位置设立业主信箱，定时开箱

收集并分门别类，分清轻重缓急加以解决。

三、召开座谈会、联谊会与业主沟通

为了征求业主对服务管理工作的意见，加强业主与管理处之间、业主与业主之间的沟通，可定期开业主专题座谈会、举办各种形式的联谊活动来进行沟通，了解广大业主对物业公司的需求。

座谈会、联谊会可以根据不同年龄层次、职业类型来选择业主进行交流，以便及时从不同的角度了解问题、听取意见，同时就业主对物业方面的一些误解给予解答。

召开座谈会、联谊会一定要有准备、有计划。以下提供某公司的业主沟通会工作计划，供参考。

业主沟通会工作计划

为了保持与业主的良好有效沟通，增进业主对物业服务的理解和认同，让业主积极参与到物业管理工作当中，在业主的监督下提高××物业服务品质，所以召开此次业主沟通会。

1.业主沟通会时间

时间：××年××月××日 14:30。

2.业主沟通会场地

××区物业服务中心会议室。

3.业主沟通会流程

（1）物业服务中心安排专人负责组织业主沟通会，确定参会人员及会议时间、地点，并通知相关业主。

（2）会议组织者了解业主主要（真实）诉求。

（3）会议支持人说明此次会议的目的及相关内容。

（4）业主提出意见及建议，并一一做好记录。

（5）通过意见及建议了解业主群体诉求，对业主诉求进行分析，并逐一回复。

（6）会议结束。

4.业主沟通会会场布置

根据现场情况和会议需求布置。

5.会议参与人员

参加对象	相关责任人名单	参加人数
物业公司	项目： 客服： 安全： 工程： 总办：	

续表

参加对象	相关责任人名单	参加人数
业主代表		
外包单位	保洁公司： 绿化公司：	
社区	民警： 工商： 社区：	

6. 会前筹备工作

序号	工作内容	相关责任人	完成时间
1	物品准备		
2	会场布置		
3	通知参会人员		

7. 业主沟通会物料、物资准备计划

序号	物料/物资名称	数量	金额	备注
1				
2				
3				

8. 会议纪要

见附件2。

9. 会议结束

（1）会场整理。

（2）汇总并分析业主诉求，制定解决方案，并及时回复业主。

附件1：会议注意事项

1. 业主沟通会实施前

（1）提前准备业主沟通会时所需物资。

（2）通知参会人员，并确认。

2. 业主沟通会实施中

（1）注意调节现场气氛，控制整体局面，做好业主正面引导工作。

（2）与业主沟通中遇到比较敏感性的问题请专人负责回答。

（3）注意做好业主诉求的记录工作。

3. 业主沟通会结束后

（1）活动现场整理，及时恢复原状。

（2）及时汇总业主所反馈的问题并形成分析报告。

（3）对于现场提问较多问题的业主，重点注意保持沟通与联系。

4.突发事件处理

（1）业主情绪失控，利用人多对现场物资设备进行打砸的。

（2）业主对回复不满，发生骂人或肢体冲突的。

（3）业主出现堵门或阻止服务中心正常工作的。

附件2：会议纪要

业主沟通会会议纪要

会议时间：××年××月××日14：30		会议地点：	
会议主题：			
会议主持：		与会人员（人数）	人（详见签到表）
会议内容：			
一、业主诉求			
1.业主房号、姓名、电话			
2.业主房号、姓名、电话			
二、物业回复			
1. 2.			

附件3.签到表

业主沟通会签到表。

表1：物业及相关单位

序号	姓名	部门（单位）	职务	联系电话

表2：业主

序号	房号	姓名	联系电话	备注

四、利用网络进行沟通

随着计算机和网络的完善，物业公司与业主的沟通已经不仅仅局相于一定的空间和时间。

物业公司可以组建物业公司的网站，开设多个专栏进行宣传，或组建业主论坛，对于论坛上的问题，由公司确定的部门，在公司领导批准后进行回复，对于业主提出的好的建议，立即落实，对业主的一些误解或疑问，给予正确的舆论导向。每个职工也可以以自己为平台，参与进来。

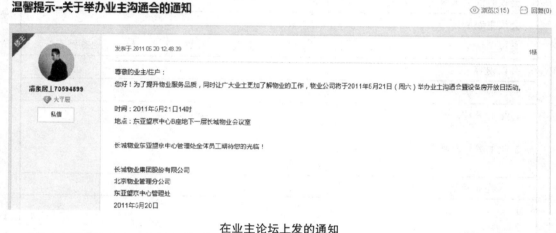

在业主论坛上发的通知

五、采取多种形式进行宣传

物业公司应充分、合理地利用现有的一些设施、区域作为宣传的平台，传递物业管理的信息，以与业户进行良性的沟通。

（一）社区报刊

可以编制社区报刊，刊登"物业知识""社区大型活动通知""社区新动向""生活小常识""好人好事"等宣传内容，定期向业主发放。

（二）充分利用社区可利用的空间

充分利用社区可利用的空间，如电梯里、电梯口对面、楼道等便利广告效应区域张贴宣传材料。

（三）利用小区电子屏

充分利用小区电子屏，滚动播出物业工作动态、物业知识，播放一些提醒、关注业户的事项。

小区电子屏

（四）通过宣传栏与业户沟通

通常在每个物业的主出入口都有一个宣传栏，物业管理人员应充分发挥宣传栏的作用，及时准确地将物业管理动态、有关法律法规、业主的意见和建议刊登在宣传栏里，以使更多的业主积极参与，支持和配合物业管理工作。

1.宣传栏的管理要点

（1）宣传活动应有计划，要做到重大节日宣传庆贺，特殊情况及时告诫，日常管理充分体现。

（2）每一期的宣传栏都应该安排专人去负责，并提前去策划、准备，绝不能"粗制滥造"，最好月月有更新、内容有创新，创作不同版面、不同内涵的宣传栏，并重点宣扬小区"真、善、美"的行为，使之成为社区一道亮丽的风景线及社区居民的一份"精神大餐"。

（3）对有损社区形象及不符合要求的宣传要及时给予修正、更换，保证质量与效果。

（4）应对每期的宣传栏进行编号和登记，记录出版日期、刊数、内容等，并拍照、备案存档。

社区宣传记录表

编号：

管理处：

主题		时间	
张贴位置		组织人	
主要内容：			
记录人：		时间：	
检查		审核	

注：如有图片可用另外形式记录。

2.宣传栏的内容要求

宣传栏的内容可以从下图所示几个方面着手。

要求一 宣扬社区新气象，反映广大居民身边的事物

既要结合当前国际形势，注重政治性和思想性，又要及时反映社区居民文化，物业公司的企业文化，员工们的工作及生活等。这样，既激励了工作勤奋、成绩优秀的好员工，解答了居民疑问及各类热点问题，又培养了大家的社会公德，提高了社区居民的生活素质

要求二 生活保健、日常起居及旅游指南类的一些常识

根据一般物业的居住情况来看，在物业管理工作中，老年人和小孩是主要的服务对象。因此，每一期的宣传内容都要有生活保健、日常起居及旅游指南类的一些常识。同时，还要添加一些娱乐性、趣味性的内容。这样，既活跃了宣传版面的气氛，又增添了宣传内容幽默、风趣的内涵

要求三 居民心声、新闻等方面的内容

在每一期的宣传内容中增添一些诸如"居民心声""新闻连载"之类的内容，就更能将宣传栏办得有声有色，从而贴近居民生活，促进沟通与交流

宣传栏的内容要求

3.宣传栏的设计要求

（1）颜色要醒目，要搭配得好。

（2）大标题要鲜明，引人注目，要有新意。

（3）报头不一定要复杂，是符合主题的简笔画即可。

（4）版块与版块之间可以用柳条或插图之类的连接起来，随意一些效果会更好。

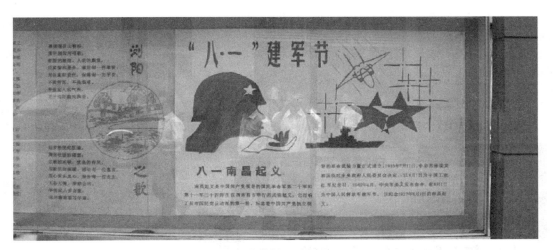

宣传栏设计

设置标牌进行宣传

第四章
如何与业主委员会沟通

04

业主委员会与物业公司之间的不和谐，会制约行业的发展甚至阻碍和谐社区的建设。作为物业公司，处理好与业主委员会的关系十分必要。业主委员会与物业公司的良好关系对小区整体的物业管理工作具有强有力的推进作用；反之则会给物业管理服务工作造成巨大阻力。因此，两者关系的好坏、工作配合的默契程度直接关系到广大业主的切身利益，并决定着一个物业管理项目的成败。

第一节　业主委员会与物业管理的关系

一、业主委员会与物业管理

业主委员会是业主团体的内部常设执行机构。它由业主团体内部各个成员按一定程序选举产生，具体负责处理业主团体的日常性事务。如参与涉及全体业主共同利益的民事诉讼或和物业公司签订物业管理服务合同以及规范业主行为等。

（一）业主委员会是维护广大业主合法权益的有效组织形式

业主既是物业所有者，也是物业管理和服务的消费者，业主有权自主选聘物业公司。但每个业主的选择不可能都完全一致，而一个物业又只能由一家物业公司进行统一的管理，因此，业主委员会就应运而生了，它代表着广大业主的合法权益。

在物业管理消费过程中，由于单个业主与物业公司相比往往处于弱者地位，仅凭个人力量难以与之抗衡，业主对物业公司的监督权、建设权难以得到保障，而业主委员会则可以在享有对物业公司的选择权的基础上有效行使监督权。因此，通过业主委员会代表全体业主集中行使物业管理的选择权、决策权，是维护广大业主合法权益的有效组织形式。

（二）业主委员会是连接业主与物业公司的桥梁

物业公司作为以经营为主体的企业，上有行业主管部门、工商行政管理部门、行业协会制约，下有广大业主的监督，若违规，将寸步难行。而作为房屋所有权人的业主，则为小区聚居的个体居民，其职业各不相同，文化程度、道德修养等个人素质千差万别。对物业管理法律法规及其相关知识，或知之甚少或全无所知。现代居住小区的特点是房屋毗连，邻里却互不相通，颇有"鸡犬之声相闻，老死不相往来"的意思。房屋毗连导致共用部分、共用设施设备增多，不相往来使得业主只关注个人居室空间舒适温馨，而很少注重外部环境。作为业主委员会就要对社区的硬件、住户构成以及物业公司的各方面情况有充分的了解，并对建设和谐社区做出应有的贡献。比如组织社区进行植树活动，一方面美化了家园，另一方面又可增加业主对社区的眷恋与爱护，引导一种健康文明的生活方式，从而引发全体业主提高自身的素质。

物业管理项目各异，业主委员会的成员背景各不相同，因此建立一个大家共同的愿景目标是十分必要的。这样才能够避免让物业公司在面对业主委员会的不同目标时无所适从，也可以最大限度地避免内部成员的分歧。一旦有了广大业主共同认可的发展方向和服务要求，业主委员会与物业公司都能够加以遵守。明确愿景，形成共同的目标和使命感，才是构建和谐社区的基石。

要想建设好一个小区，业主委员会和物业公司必须以理性、理解、合作、宽容的态度来共同建设。要以负责任的精神对待对方，以理服人、以诚相待。物业公司应定期与业主委员会沟通，谁的问题谁负责，不能推诿，并将讨论结果向业主报告，保障大家的知情权，顺着这个思路，对处理好物业公司和业主委员会的管理是很有帮助的。

（三）业主委员会是明确业主与物业公司责、权、利关系的有效形式

业主与物业公司之间的关系是物业管理服务的消费者与提供者之间的关系，除了受到有关法律法规的规范外，应通过物业管理服务合同明确双方的权利和义务。在现实生活中，由于业主是一个分散的群体，业主的意志具有多元化的特点，任何一家物业公司都难以做到与每一个业主分别签订物业管理服务合同。没有物业管理服务合同，业主与物业公司之间的责、权、利关系就无法具体明确，物业管理服务质量、费用等问题就无法量化、细化，一旦发生纠纷，也就会缺乏有效的依据。因此，通过业主委员会与物业公司签订物业管理服务合同，是明确业主与物业服务企业责、权、利关系的唯一有效形式。

二、业主委员会与物业公司的关系

业主委员会与物业公司的关系表现在以下几个方面。

（一）经济合同的平等双方

业主委员会与物业公司是一种委托与受委托的关系，签订物业管理服务合同前后，双方地位都是平等的。签订合同前，双方可以双向选择；合同签订时，对于管理目标、要求和费用，双方都要协商，协商取得一致之后才能签约。其间双方没有隶属关系，在法律上，业主委员会有委托或不委托某个物业公司的自由，物业公司也有接受或不接受委托的自由。

（二）目标一致的利益双方

管理服务目标一经确定并签约后，那么业主委员会与物业公司双方都是物业管理目标的追求者。这个目标就是为了保持物业的完好，保障物业使用方便安全，维护环境优美整洁，保证公共秩序的良好。在这个目标下，物业公司要以优质服务为物业使用提供管理服务，而这种管理服务本质上是为了维护物业业主和使用人的利益。双方聘与被聘的关系，融合在目标一致之中；各方的行为不能影响和损害这种目标的实现。

（三）劳务和经济交换的双方

劳务和经济交换关系是在经济合作关系下产生的，体现有偿的等价交换原则。一方要求对方提供优质廉价的服务，另一方要求对方支付费用，这是一种对立统一的关系。当出现矛盾时，可以协商解决，也可以对合同进行修改与补充。当矛盾不能通过协商解决时，双方可以依法申诉，直至提起诉讼。

（四）职权范围各不相同的双方

物业公司是具体作业单位，实施日常管理的作业组织，在合同范围内业主委员会要与之合作和给予帮助，必要时建立协调工作会议制度，定期召开联席会议，解决管理中遇到的一些问题。同时，业主委员会对物业公司进行的专业管理要监督、检查。物业公司和业主委员会要及时向业主大会或业主代表大会报告物业管理工作。

第二节 物业公司与业主委员会的有效沟通

业主委员会的角色是独特的，委员们都来自于业主中间，因此也都了解业主们的心态，知道该用什么方法处理好一些棘手的事；而且委员们来自社会的各行各业，有丰富的社会经验和高超的处事技巧。所以，物业公司在日常工作中应与之进行有效的沟通，以获得他们的支持与帮助。

一、必须进行沟通的事项

物业公司与业主委员会必须进行沟通的事项如下图所示。

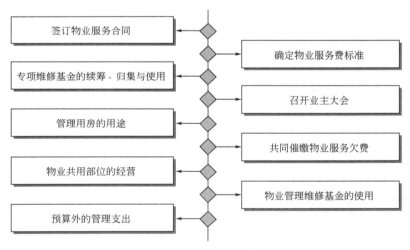

必须进行沟通的事项

（一）签订物业服务合同

《物业管理条例》第十五条规定了业主委员会的职责，其中包括"代表业主与业主大会选聘的物业服务企业签订物业服务合同"。第二十六条规定："前期物业服务合同可以约定期限；但是，期限未满、业主委员会与物业服务企业签订的物业服务合同生效的，前期物业服务合同终止。"由此可知，签订物业服务合同是物业公司与业主委员会进行沟通的头等重要大事。

（二）确定物业服务费标准

当合同规定的费用标准不能满足物业管理实际工作需要时，应与业主委员会进行沟通，并通过业主委员会征求业主的意见，以适当地调高服务费用标准。当合同约定的费用标准超出需要时，业主委员会也会与物业服务企业沟通，以求降低费用标准。

《物业管理条例》第四十条规定："物业服务收费应当遵循合理、公开以及费用与服务水平相适应的原则，区别不同物业的性质和特点，由业主和物业公司按照国务院价格主管部门会同国务院建设行政主管部门制定的物业服务收费办法，在物业服务合同中约定。"

《物业服务收费管理办法》第七条规定："物业服务收费实行政府指导价的……具体收费标准由业主与物业公司根据规定的基准价和浮动幅度在物业服务合同中约定。实行市场调节价的物业服务收费，由业主与物业公司在物业服务合同中约定。"

从以上法规的规定中可知，确定物业服务收费的标准是业主的基本权利，而且居于费用标准确定过程中的主导地位。

（三）专项维修基金的续筹、归集与使用

《物业管理条例》第十一条规定："业主大会履行下列职责：……（五）筹集和使用专项维修资金……"业主委员会作为业主大会的执行机构，在专项维修基金方面负有重要职责；当物业公司因工作需要而须动用维修基金时，首先应与业主委员会进行沟通，继而通过业主委员会征求业主的意见。

（四）召开业主大会

按照《业主大会规程》要求，业主委员会要组织业主定期召开业主大会和临时业主大会，以讨论并决定相关事项，其中包括制定和修改业主公约，物业区域内物业共用部位和设施设备的使用，区域内的秩序、卫生等规章制度，物业维修基金的使用、续筹，以及选聘物业公司等事项。这些事项都与物业管理工作密切相关，物业公司必须予以关注。而业主委员会也一般会要求物业公司配合以上各事项的工作，这是物业公司与业主委员会进行沟通的重要时机。

（五）管理用房的用途

《物业管理条例》第三十七条规定："物业管理用房的所有权依法属于业主。未经业主大会同意，物业公司不得改变物业管理用房的用途。"第六十四条规定："违反本条例的规定，有下列行为之一的，由县级以上地方人民政府房地产行政主管部门责令限期改正，给予警告，并按照本条第二款的规定处以罚款，所得收益，用于物业管理区域内物业共用部位、共用设施设备的维修、养护，剩余部分按照业主大会的决定使用：擅自改变物业管理区域内按照规划建设的公共建筑和共用设施用途的；擅自占用、挖掘物业管理区域内道路、场地，损害业主共同利益的；擅自利用物业共用部位、共用设施设备进行经营的。个人有前款规定行为之一的，处1000元以上1万元以下的罚款；单位有前款规定行为之一的，处5万元以上20万元以下的罚款。"

按照上述法律规定，每个新建小区都配有物业管理用房，这些管理用房的所有权依

法归属全体业主所有。所以，当物业公司为了某种工作需要，需改变物业管理用房的用途时，也必须与业主委员会协商，协商不成的则由业主大会决定。

（六）共同催缴物业服务欠费

《物业管理条例》第六十五条规定："违反物业服务合同约定，业主逾期不交纳物业服务费用的，业主委员会应当督促其限期交纳；逾期仍不交纳的，物业服务企业可以向人民法院起诉。"《业主大会规程》第二十四条规定："业主委员会应当督促违反物业服务合同约定逾期不交纳物业服务费用的业主，限期交纳物业服务费用。"

由上可知，业主委员会向不交纳物业服务费的业主进行催缴是其法定义务。而实际工作中，欠费催缴工作大都由物业服务企业承担，业主委员会履行催缴义务者寥寥无几。为避免因欠费而导致的企业亏损风险，物业公司应及时、积极地与业主委员会进行沟通，获得业主委员会的支持。

（七）物业共用部位的经营

物业共用部位、共用设备的经营，如在小区内公共场地、大堂等进行展销活动，在外墙、天台上布置经营性广告等，应积极与业主委员会沟通，以获得业主委员会批准。

由此可知，物业公司若利用小区的共用部位、共用设施设备进行经营活动，必须首先与业主委员会进行沟通，协商是否可以进行经营，以及收益的分配和使用问题。业主委员会同意后，还须征得相关业主以及业主大会的同意。每年度，业主委员会都应召开业主大会，向所有业主公开经营收入账目，接受审议。

（八）物业管理维修基金的使用

物业共用部位、共用设备设施的维修更新费用从物业管理维修基金增值部分中开支，具体使用计划由管理公司提出，经业主委员会批准后实施。

某高层住宅小区建于1986年，商品房预售许可证是在1998年10月1日前核发的。按国家建设部、财政部的《住宅共用部位设备设施维修基金管理办法》的规定，该小区物业公司要求业主依照规定，按购房款的2%交纳物业管理维修基金，引起小区业主们的投诉。业主认为维修费应从管理费中出，不应再交钱。基于收维修基金在业主中造成的反响过于强烈，管理处决定暂缓收维修基金。但小区内的电梯、消防设备已趋于老化，电梯困人现象时有发生，消防设备几近瘫痪，居民投诉不断。

最后管理处积极寻求业主委员会的支持，在与业主委员会多次协商后，决定分步筹集。先把收到的维修基金转入指定的代管银行建立专户，并按物业维修基金建立程序操作。不足部分，计划自建立首笔维修基金始，分几年筹集，要求业主每年缴交续筹额的10%，直至达到规定数额为止。为减轻业主的负担，物业公司决定从每月管理费盈余中提取部分资金作为维修基金。

管理处与业主委员会共同向业主们宣讲这些程序以及国家的法规，使业主们了解维修基金在物业管理中的重要作用，催促业主继续交费。同时，管理处利用所收到的维修基金有计划地对小区内的电梯及消防设备进行维修及更换，排除后患，赢得业主委员会及广大业主的认可。

（九）预算外的管理支出

在实际管理运作中，经常会有一些支出是编制预算时未考虑到的，如政府的收费、维修工具（仪表）的更换等，只要是预算外的支出一概要报业主委员会审批。

二、有效沟通的原则

与业主委员会进行有效沟通应遵循下图所示原则。

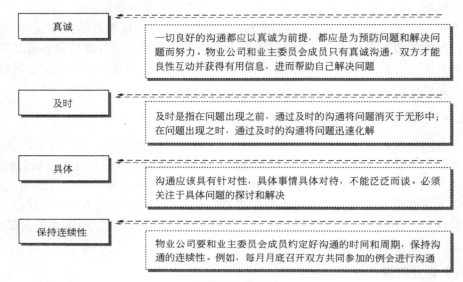

真诚	一切良好的沟通都应以真诚为前提，都应是为预防问题和解决问题而努力。物业公司和业主委员成员只有真诚沟通，双方才能良性互动并获得有用信息，进而帮助自己解决问题
及时	及时是指在问题出现之前，通过及时的沟通将问题消灭于无形中；在问题出现之时，通过及时的沟通将问题迅速化解
具体	沟通应该具有针对性，具体事情具体对待，不能泛泛而谈。必须关注于具体问题的探讨和解决
保持连续性	物业公司要和业主委员会成员约定好沟通的时间和周期，保持沟通的连续性。例如，每月月底召开双方共同参加的例会进行沟通

有效沟通的原则

三、有效沟通的方式和种类

物业公司与业主委员会之间的有效沟通，是物业管理控制成本最低化的必要条件。物业公司在积极运用信函、公告等沟通方式的同时如果采取恳谈会进行沟通，则可以使沟通直接、明了且具有平等性。在此主要对恳谈会作一介绍。

（一）恳谈会的种类

1.邀请式

邀请式是一种由物业公司向业主委员会及业主发出通知召开恳谈会、解决有关问题的形式。管理处针对物业管理服务中出现的重大问题或事项（如物业费的核定及收取、治安管理、水电费代收代缴等），需要征求广大业主的意见，并基本形成统一认识时，就可以向业主委员会负责人提出召开恳谈会的时间、主要议题等。这种形式对管理处来说，属于较为正常的工作程序，管理处有充分的时间进行准备，会议的效果一般都比较好。

2.应接式

应接式是业主委员会对社区管理服务中存在的问题，向管理处提出召开会议的形式。管理处在遇到这种情况时，必须认真对待，尽可能及时召开恳谈会。同时要针对有关问题进行调查了解，收集情况，分析研究，提出整改措施或具有充分的解释意见，并形成文字依据。

3.汇报式

汇报式是一种管理处按照正常程序，定期或不定期报告物业管理工作并请业主委员会审议或知晓的形式。通过这种恳谈会，可以使业主了解物业管理的工作内容、政策法规和管理处付出的劳动，还可以使业主/住户了解物业管理各项费用的收支是否合理和目前存在的经费困难及其他问题，以达到相互理解、相互支持的目的。

业主恳谈会现场

（二）开好业主恳谈会的方法

1.做好会前准备

拟定恳谈会议题，收集有关数据资料，与业主委员会成员进行沟通并达成共识，下发通知，布置会场等。

【范本33】关于举行第二季度业主恳谈会的通知 ▶▶▶ ·····························

尊敬的业主/住户：

您好！

时间就像流水，点点滴滴仿佛不留痕迹；转眼间，××园第二次季度业主恳谈会即将举行了，希各位业主/住户踊跃参加。

第二季度业主恳谈会日期：××月××日（星期六）下午4：00～6：00。

主题：关于园区违章搭建的治理谈论。

举办地点：园区文化会所首层。

一家人，互相帮助，彼此体谅才能让日子过得和谐完美、欢欢乐乐，我们的"××园"未来才能更加美好。为了它，请各位踊跃参加。

××物业管理有限公司

××物业管理中心

××年××月××日

2.引导控制会议

（1）要力求使会议气氛和谐、议题明确。

（2）要随时掌握中心问题，尽量减少偏题现象。

（3）要善于协调关系，化解矛盾，合理配置会议时间。

（4）要注意原则性与灵活性的统一，动之以情，晓之以理。

3.形成会议决议

（1）每次会议必须形成结论性意见，并以书面形式归档，重要会议或特殊议题还必须请管理委员会签字认可。

（2）要尽快把会议决议向广大业主公布。

关于物业公司与业主委员会沟通、协调的方式和要求，应以制度的形式确定下来，使之更规范，以下提供某物业公司的一个范本，供参考。

🔍【范本34】物业公司与业主委员会沟通、协调规定 ▶▶▶

一、目的

为规范管理处与业主委员会沟通、协调工作，确保物业管理工作的顺利开展，特制定本规定。

二、适用范围

适用于物业公司在日常的管理服务工作中与业主委员会的正常工作往来。

三、职责

（1）管理处经理负责与业主委员会的沟通、协调。

（2）管理处公共事务部负责依照本规程实施与业主委员会的正常工作往来。

四、程序要点

1.与业主委员会的沟通、协调方式。

（1）工作协调、沟通会议。

管理处应当每季度至少与业主委员会进行一次例行的沟通会议，会议的主要内容是向业主委员会通报一个季度的财务支出状况和工作简况，解决需经业主委员会协助支持方能完成的问题。

（2）专题解决问题会议。

在遇到需经业主委员会同意方能进行工作时，管理处经理应申请召开专题业主委员会会议，协商解决专项问题。

（3）每年6月底和12月底，管理处应汇同公司领导一同拜访业主委员会，召开专题工作茶话会，向业主委员会汇报全面的半年度、年度工作。

（4）定时工作沟通制度。

① 每月5日前向业主委员会报送管理处财务损益表。

② 每月10～15日期间接受业主、业主委员会的质询、审计。

③ 每季度的第一个月向业主委员会报送社区文化报刊、宣传品。

2.下列物业管理工作应当及时向业主委员会申报，请求支持。

（1）计划使用本体维修基金对楼宇本体进行大、中修时。

（2）计划使用公用设施专项维修基金更新公用设施时。

（3）物业管理服务工作涉及部分业主利益，需业主委员会出面协调时。

（4）物业公司制定了新的管理措施需要业主委员会支持工作时。

（5）其他需向业主委员会请示、寻求支持的工作。

3.下列情况出现时，物业公司应当及时通报业主委员会。

（1）新的物业管理法规颁布执行时。

（2）所管理的物业出现了重大变故或发生重大事件时。

（3）业主委员会的个别委员与物业公司有重大的工作分歧无法解决时。

（4）有重要的活动（如创优迎检）时。

（5）物业公司对个别业主执行违约金处罚时。

（6）其他应当向业主委员会通报的情况发生时。

4.物业公司向业主委员会的申报工作应当提前15日进行，通报情况应当在事实发生（决定）后的3个工作日内进行。

5.物业公司向业主委员会的申报工作、通报情况均应以书面形式送达。

6.对业主委员会的质疑、建议、要求的处理。

（1）对业主委员会的质疑、建议、要求，管理处经理应认真倾听、记录。

（2）合理的质疑、建议、要求，应当在3个工作日内答复、解决。

（3）对不合理、合法的质疑、建议、要求，管理处经理应当耐心解释，无论如何不允许不耐烦或言语失礼；对解决不了的问题，应当记录后迅速上报公司总经理，由总经理寻求解决方案。

7.物业公司与业主委员会来往工作的信函、记录、决议，一律在管理处归档，长期保存。

四、沟通时应注意的事项

（一）角色转换

在与业主委员会的交流和沟通中，物业公司的工作人员要给予业主委员会足够的尊敬，使他们有发言和用武之地，让他们畅享自己的劳动果实。

业主委员会中的委员都来自于业主，他们产生在广大的业主中间，因此他们对业主的了解和业主对他们的信任是同等程度的，有了这种天然联系，业主委员会做出的决定也就容易被广大业主所接受。因此，物业公司应积极地与业主委员会沟通，在某些事情的处理上向其寻求帮助。

（二）合作与独立

合作是一门学问，合作中讲究妥协和理解。物业公司和业主委员会应该保持各自独立的存在和独立的特性，两者既特立独行又形影不离。

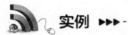 **实例** ▶▶▶ --

准确的角色定位　积极地相互配合

业主委员会与物业公司的关系难以相处已成为不争的事实，相关媒体也经常连篇累牍地报道物业公司与业主委员会之间的复杂关系，寻找问题的根源，探讨解决的方法。笔者作为物业行业的从业人员，也对业主委员会在物业管理中究竟应扮演什么样的角色，物业公司应如何处理与业主委员会之间的关系，给予了极大的关注。为此，就××居管理处在与业主委员会的关系处理上的一些方法进行总结，以供借鉴。

一、准确的自我定位

准确的自我定位，是物业公司与业主委员会融洽相处的基础。

（一）明确法律地位与工作职责，依法依规行事

××居2000年12月份开盘，管理处于2001年4月开始筹备召开首届业主代表大会和成立业主委员会。筹备过程中始终坚持"严格依照法律、法规规定，不得有任何弄虚作假的行为"的指导思想。管理处组织了大规模物业管理法律、法规和物业公司以及业主委员会的法律地位、工作职责的宣传活动，让每一位业主在清楚明白的情况下推荐业主委员会筹备小组人员和候选人员，继而筹备小组人员、物业公司在法律法规赋予的权利和职责范围内共同协商筹备事宜。由于双方把筹备工作定位在开诚布公、相互信任的基础之上，经过短期筹备，2001年8月18日顺利召开了××居首次业主代表大会并且成立了首届业主委员会。

（二）业主推举高素质的业主委员会成员，以能力和责任心办事

目前，有些小区在选举业主成立委员会时，时常出现两种误区。一是一些业主不懂物业管理法律、法规，认为业主委员会就是可以无条件凌驾在物业公司之上的机构，可以按照自己的意愿对物业公司的工作任意干涉，因而推举出来的委员大多为退休人员或无正当职业的闲人，这些人不懂法律、法规或受传统思想影响，故意刁难物业管理单位，看重个人利益，不依照程序处理日常事务，这样，往往使物业公司的工作难以正常开展。二是一些业主错误地认为业主委员会只是一个象征性的机构，对物业公司的行为难以起到约束作用，因而推举业主委员会成员时随便找几个小区的知名

人员，而这些知名人员大多事业有成、工作繁忙，无暇顾及业主委员会的工作，使业主委员会未能真正起到管理小区、监督物业公司的作用。为此，××居管理处在筹备业主委员会时，积极宣传法律、法规，鼓励有文化、懂法律、热心公众事业、公正的人士参与。××居管理处首届业主委员会9名成员全部为大专以上学历，其中有两名硕士研究生，有两名律师。委员会成员分布在多个行业，有政府公务员、律师、医生、公司老总、新闻工作者、公司管理人员等。这些人综合素质较高，有强烈的责任心，法律意识强，思考和处理问题能够兼顾大多数业主和物业公司的利益，能够站在小区的发展和整体利益上提出一些建设性的意见，为管理处和业主委员会共同管理小区创造了和谐的环境。

二、主动寻求相互配合、齐抓共管是关键

（一）建立有效的沟通渠道，经常进行沟通

1.学习渠道

××居业主委员会成立后，管理处给全体委员每人分发一本深圳市物业管理法律、法规文件汇编，并不定期组织学习，让大家深刻领会物业管理的法律法规，使大家懂得按法律法规行使自己的权利，了解他们应尽的责任和义务。

2.业主委员会推举管理处经理任执行秘书

执行秘书不定期地把管理处的工作向业主委员会汇报，听取业主委员会对管理处工作的意见。作为管理处与业主委员会沟通的重要渠道之一，执行秘书做到"耳勤、嘴勤、腿勤、手勤"，及时准确地传递信息，成为业主委员会和管理处关系的纽带。

3.会议沟通

管理处和业主委员会不定期召开小区管理工作联席会议，总结小区管理现状，解决小区存在的问题，布置下一阶段的工作。业主委员会成员和管理处管理人员在会议上充分发表小区管理意见、交流情感，相互关系极为融洽。

4.管理处重大决策征求全体业主意见

××居管理处与业主委员会坚持业主利益至上的理念，小区的重大决策均向全体业主征求意见，同时，将决策结果向全体业主公布。例如，小区的物业管理服务合同虽然已经业主委员会与××物业公司前后10多次会议协商，每一个条款均进行了认真的讨论并形成一致。但是，管理处和业主委员会仍严格遵守法律规定，把合同文本张贴半个月，向全体业主征集意见，对合理的意见采纳后再次修改定稿。

5.建立投诉箱

建立××物业总经理投诉箱，收集业主的建议和意见，监督管理处的运作，并对业主提出的问题及时予以处理和答复，对业主提出的关于小区管理的重大问题，总经理还会进行专访。

6.组织社区文化活动

管理处和业主委员会每年至少组织6次社区文化活动，并于广大业主娱乐休闲时，倾听业主对小区管理的建议，了解业主对管理处管理状况的真实看法。社区联欢时，让管理处员工轮流参加，尽量覆盖管理处全员，让管理处员工尽可能地认识更多业主，并与之交流，营造和谐的社区大家庭环境。

（二）共抓、共管见实效，出成果

1.小区管理效益明显

经过一年多的运作，管理处与业主委员会认真履行自己的工作职责，互相配合默契，不断完善小区的服务质量和管理水平。在大家的共同努力下，××居先后获得区优秀大厦、市优秀大厦、市安全文明先进小区等荣誉称号，并通过了英国国家质量保证体系认证公司的审核，获得ISO 9001的证书；××物业"礼貌、温馨、快捷、周到、安全"的服务为广大业主所称颂，大多数业主发现小区不文明现象主动予以制止或向管理处报告，整个小区已形成齐抓共管的局面。

2.品牌得到了延续和提升

因管理处与业主委员会的密切协作，越来越多的业主已经认同了××物业公司的服务质量，使××地产公司的品牌得到了延续和提升。××居的一些业主到××地产公司开发的新楼盘进行二次置业或介绍了朋友购买××地产公司开发的新楼盘。这些二次置业和介绍朋友在××地产公司置业的业主，××地产公司给予一定的优惠，让他们享受了协作管理小区带来的实惠。

物业公司管理处与业主委员会作为物业管理服务合同的两个法律主体，他们完全是一种合同关系，也毫不例外地要遵循诚实、守信、守法的原则，在"公平、公正、公开"的基础上，履行各自的权利和义务。只有这样，双方才可能真正意义上共同关心和管理小区，实现物业管理企业的利益和业主利益的最大统一。我想，这也是所有物业公司和业主所期待的结果。

第五章
妥善处理客户投诉

05

客户投诉指的是外部客户认为由于物业服务工作中的失职、失误、失度、失控伤害了他们的尊严或权益，或其合理需求没有得到满足，从而通过口头、书面、电话和网络等形式反映的意见/建议。处理投诉，是物业公司日常管理与服务工作的一项重要任务，也是与客户直接交流与沟通的最佳方式。

第一节　对客户投诉的正确认识

一、客户投诉的分类

（一）房屋管理类

由于对房屋建筑主体及其附属构筑物的共用部位的维修、养护和管理不到位引起的投诉，包括楼盖、屋顶、外墙面、承重结构、楼梯间、走廊通道、门厅、道路等，如房屋损坏、保养不到位、公共楼道修缮不及时、违章搭建、装修管理监控不到位等。

（二）设备管理类

由于对房屋毗连及其附属配套的共用设施设备的维修、养护、运行和管理不到位引起的投诉，包括共用的上下水管道、落水管、垃圾道、烟囱、共用照明、天线、中央空调、暖气干线、供暖锅炉房、高压水泵房、楼内消防设施设备、电梯等（含外包）。

（三）安全管理类

由于对物业正常的工作、生活秩序维护、管理不到位，或采取的安全措施不当，导致存在安全隐患或发生安全事故等而引起的投诉，包括对外来人员、物品搬运、车辆道路、消防等的管理，对讲机使用（如安全员夜间对讲机声音过大）、技能防范和突发事件处理等。

（四）环境管理类

由于对物业环境的净化和美化管理服务不到位引起的投诉，包括绿化、清洁卫生、垃圾清运、消杀、商铺环境（如油烟问题、占道经营、乱摆卖等）、不能归属其他类别的噪声和对保洁外包供方的监控等。

（五）综合服务类

由于除上述四类以外的其他管理服务提供不到位引起的投诉，包括居家[家政、维修等（含外包）]服务、商务服务、中介服务、社区文化、会所等由物业公司提供的社区配套服务以及收费等。

（六）客户纠纷类

由于客户之间对毗连部位/设施、公共部位/设施的使用和相关权益归属存在纠纷，甚至互相侵犯权利、影响他人生活、损害公共利益而引起的投诉，如养犬、晨练等生活噪声，毗连部位维修（装修破坏防水层造成渗漏水等）及部分客户的不道德行为等。

（七）地产相关类

由于地产相关产品、服务提供不到位引起的投诉，包括房屋质量、配套设施、规划设计以及与地产联系的工程施工、配套服务、销售管理等。

（八）其他类

由于非上述各类原因引起的且物业公司不负有直接管理责任但通过物业公司的努力可以改善的客户抱怨，包括由于政府机关、企事业单位的行为或责任引起的投诉，如市政配套（供水、供电、燃气、有线电视、宽频网、电话、交通）不完善或市政设施突发事件过多等。

二、物业管理投诉者及其心态

充分了解物业管理投诉者及其心态是物业公司处理物业管理投诉的关键所在，知己知彼，才能百战不殆。

（一）物业管理投诉者的类别

物业管理投诉者归纳为下列三种。

第一种 职业投诉者

或称专业投诉者。这些人在获得物业服务之前、中或后，始终不间断地以不同的理由、不同程度的大小事等进行投诉，希望通过这样的途径能直接或间接地获得经济上更多的收益或补偿以及为其提供超高的服务水准。投诉的内容往往是小问题，但投诉者总是试图夸大。对这种类型的业户，物业公司是很容易识别的，主要看投诉者某种固定的投诉模式即可

第二种 问题投诉者

在物业管理投诉项目中，绝大对数人都属于这一类，他们对待所面临已出现的问题或不满，往往不想小题大做，只想将问题或不满通过各种有效途径进行反映，要求物业公司能尽快给予解决，并予以圆满回复，问题或不满解决了，那么他们也就获得了满足感

第三种 潜在投诉者

这类投诉者有其合理的投诉事由。尽管有时也会向自己的亲戚朋友"诉苦"或不断地发牢骚、埋怨，但出于某种原因的考虑并不想进行投诉。此类型的投诉者只有在被"逼上梁山"之时才会转向问题投诉者

物业管理投诉者的类别

（二）物业管理投诉者的心态

物业管理投诉者具有下图所示三种心态。

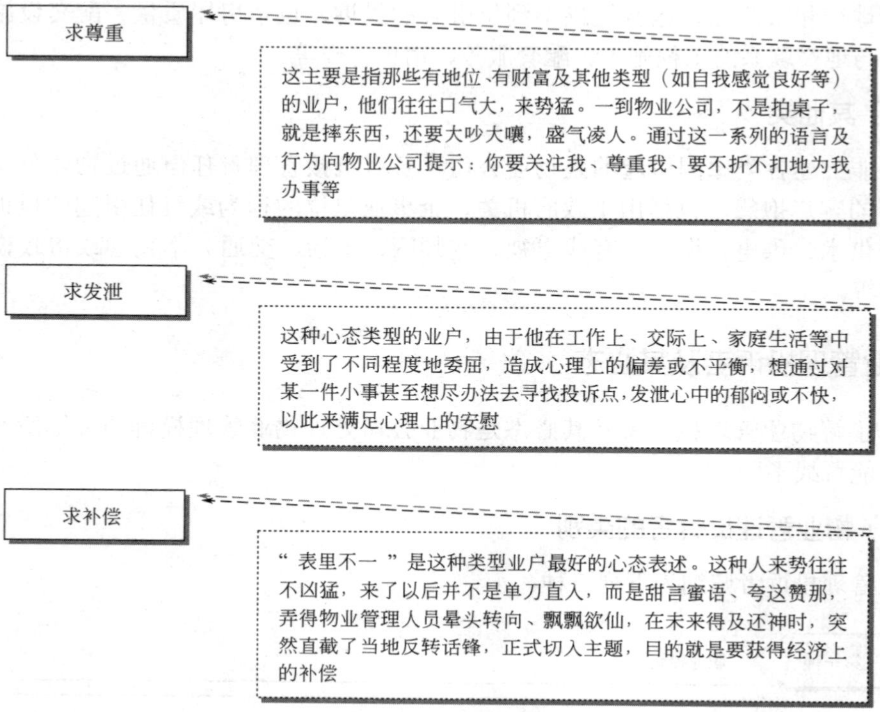

求尊重

这主要是指那些有地位、有财富及其他类型（如自我感觉良好等）的业户，他们往往口气大，来势猛。一到物业公司，不是拍桌子，就是摔东西，还要大吵大嚷，盛气凌人。通过这一系列的语言及行为向物业公司提示：你要关注我、尊重我、要不折不扣地为我办事等

求发泄

这种心态类型的业户，由于他在工作上、交际上、家庭生活等中受到了不同程度地委屈，造成心理上的偏差或不平衡，想通过对某一件小事甚至想尽办法去寻找投诉点，发泄心中的郁闷或不快，以此来满足心理上的安慰

求补偿

"表里不一"是这种类型业户最好的心态表述。这种人来势往往不凶猛，来了以后并不是单刀直入，而是甜言蜜语、夸这赞那，弄得物业管理人员晕头转向、飘飘欲仙，在未来得及还神时，突然直截了当地反转话锋，正式切入主题，目的就是要获得经济上的补偿

物业管理投诉者的心态

三、理解与善待物业管理投诉

物业管理投诉并不可怕，而且可以说它是不可避免的，物业公司应当以一种正确的心态去理解与善待客户的各类物业管理投诉。

（1）投诉客户是信任公司的人。

（2）客户的投诉是送给公司最好的礼物。

（3）客户投诉指明了公司前进的方向，是改善运作的平台。

（4）妥善处理客户投诉，更有可能使其成为忠诚客户。

接待与处理各类物业管理投诉是物业管理和服务中重要的组成部分，也是提高物业管理服务与水准的重要途径。通过对物业管理投诉的处理解决，不仅可以纠正在物业管理与服务运行中所出现的各项失误或不足，而且能够维护和提高物业公司的信誉及形象。

受理及处理客户的投诉，对物业公司来说，并非愉快之事，但若能正确看待物业管理投诉，并把它转换为一种机会——一种消除失误、改善管理、加深与客户沟通与联系的机遇，坏事也就变成了好事。

在物业服务中，管理运行的好坏、服务质量的优劣等，客户是最具权威的评判者，

他们的投诉往往暴露出物业公司在物业管理与服务中所存在的缺陷（不合理投诉或无效投诉除外），物业公司也可以从中窥见客户对物业管理与服务的需求是什么，期望值又是什么；将各类投诉项目归类存档，同时运用科学的数量统计方法进行顾客满意度的测评，从而得出有效的数据，知晓顾客满意级度，找出问题的关键所在，加以利用，使管理与服务更上一层楼。

物业公司如果对客户的各类物业管理投诉置之不理、敷衍了事，那么，非但解决不了问题，而且还有可能将问题扩大化。因为物业公司每天都有可能会遇到不同类型的投诉，如果不能及时地予以处理、解决，给予客户答复，就会导致客户反反复复的电话投诉、书信投诉等。既影响了客户的正常工作与生活，又给处理带来了新的难度。久而久之，客户就会用拒交物业费的方式做无声的抵抗，直接影响了企业的经济效益。

商业有云"一百减一等于零"，意思是说，企业对于一百人来讲，都能使他满意，但是如果得罪了一名顾客，那就会前功尽弃。这一次的劣质服务就会通过"公关效应"在顾客中传播。另外顾客感知的服务不是客观的、整体的服务，而是对他直接、间接获得的相关信息的主观分析。同样物业管理人员倘若对物业投诉不认真对待或不加以重视，客户就会把那一次仅占百分之一的不良服务直接归咎于企业的服务水准上，那么就是物业公司管得再怎么好，服务水平再怎么优秀，也无法使他改变其持有的想法，直接影响了企业辛辛苦苦、极不容易创建起来的良好声誉与品牌效应。

第二节　建立客户投诉处理的机制

接到客户的直接投诉，往往是这样的情况，投诉者气愤地说："投诉多少次了，你们就是没有结果。"可当被询问到底是什么时候，对谁投诉的时候，我们的客户却什么也说不出来。其结果必然导致客户与管理处乃至发展商关系紧张，投诉升级。任何瑕疵的存在，都是必然的。但是如果在没有人投诉时（或者有人提出建议后）就主动修改，那会得到赞赏；如果在有人投诉后才来改正，那就是应该的、必需的；如果在多次投诉后才改正，那非但得不到任何奖赏，而且还要做得更好才能让投诉者"饶恕"；如果多次投诉后仍然不能改变，那么接下来的将是极端的举动或者无赖的行为。

因此物业公司有必要建立客户投诉处理的机制，建立"谁受理、谁跟进、谁回复"的处理原则，要有明确的、量化的服务质量标准，严格的考核标准和执行制度。

一、物业管理投诉处理组织机构及权限

（一）物业管理投诉处理组织机构

物业公司对待投诉处理一般都采取首问责任制，即无论客户是哪方面的投诉，只要通过客户服务中心投诉，第一位接待投诉的人员必须受理投诉，再根据内部职责分工，落实到相关单位或部门；相关单位或部门处理完毕后，将投诉案件转回给首问责任人，

由其反馈给投诉客户。首问责任人必须跟踪整个投诉案件的处理过程，保持与投诉客户的沟通，随时接受询问。

（二）物业管理投诉处理组织机构的权限

（1）受理权。

（2）调查取证权。

（3）人员借用权。

（4）统筹处理权。

（5）督办权。

（6）处罚建议权。

（三）物业管理投诉处理流程

物业管理投诉处理流程如下图所示。

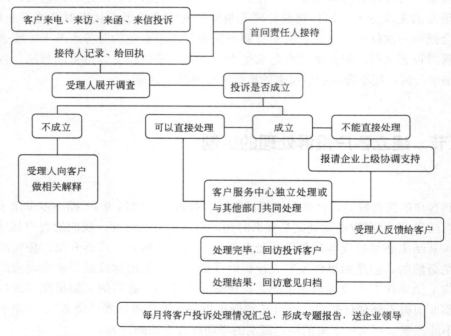

物业管理投诉处理流程

二、物业管理投诉处理制度的建立与完善

任何一家企业在为顾客服务的过程当中，总是无法避免地要遇到一些顾客抱怨和投诉的事件，即使是最优秀的企业也不可能保证永远不发生失误或不引起顾客投诉。但往往是遇到投诉时，第一反应是"又有了麻烦"，视投诉为"烫手山芋"，甚至希望最好不要发生，如果发生了最好不是要我接待，如果我接待最好不是我的责任。因而物业公司有必要制定并完善物业管理投诉处理的制度。

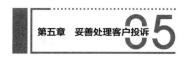

【范本35】投诉处理标准作业程序 ▶▶▶ --------------------------------------

1.目的

规范投诉处理工作，确保客户的各类投诉能及时、合理地得到解决。

2.适用范围

适用于客户针对管理服务工作的有效投诉处理。

3.职责

（1）经理负责处理重要投诉。

（2）客户服务中心主管负责协助经理处理一般轻微投诉及每月的投诉统计、分析、汇报工作。

（3）相关部门主管负责协助客户服务中心主管和经理处理本部门的被投诉事件，并及时向客户服务中心反馈投诉处理信息。

（4）客户服务中心接待员负责投诉现场接待工作。

4.程序要点

（1）处理投诉的基本原则

接待投诉时，接待人员应严格遵守"礼貌、乐观、热情、友善、耐心、平等"的十二字服务方针，严禁与客户进行辩论、争吵。

（2）投诉界定

1）重大投诉

下列投诉属于重大投诉。

① 公司承诺或合同规定提供的服务没有实施或实施效果有明显差错，经客户多次提出而得不到解决的投诉。

② 由于公司责任给客户造成重大经济损失或人身伤害的。

③ 有效投诉在一个月内得不到合理解决的投诉。

2）重要投诉

重要投诉是指因公司的管理服务工作不到位、有过失而引起的投诉。

3）轻微投诉

轻微投诉是指因公司的设施、设备和管理水平有限，给客户造成的生活、工作轻微不便而非人为因素造成的影响，可以通过改进而较易得到解决或改进的投诉。

（3）投诉接待

1）当接到客户投诉时，接待员首先代表被投诉部门向客户表示歉意，并立即在《客户投诉意见表》中做好详细记录。

① 记录内容包括：投诉事件的发生时间、地点；被投诉人或被投诉部门；投诉事件的发生经过（简单明了地叙述）；客户的要求；客户的联系方式、方法。

② 接待客户时应注意：请客户到沙发入座，耐心倾听客户投诉，并如实记录；必要时，通知客户服务中心主管或经理出面解释；注意力要集中，适时地与客户进行交流，不应只埋头记录。

2）投诉的处理承诺。

① 重大投诉，当天呈送公司经理进入处置程序。

② 重要投诉，接待后1小时内转呈客户服务中心经理进入处置程序。

③ 轻微投诉，不超过2日或在客户要求的期限内解决。

3）客户服务中心接待员根据投诉内容，10分钟内将《客户投诉意见表》发送到被投诉部门，领表人在《投诉处置记录表》上签收记录。客户服务中心接待员应将重大投诉及重要投诉经客户服务中心经理当天转呈公司经理。

（4）投诉处理内部工作程序

1）被投诉部门负责人在时效要求内将内容处理完毕，并按《客户投诉意见表》对投诉处理过程做好记录。在投诉处理完毕的当天将《客户投诉意见表》交到客户服务中心。接待员收到处理完毕的《客户投诉意见表》后，应在《投诉处理登记表》上记录。

2）公司经理在接到重大投诉和重要投诉后应按公司《不合格纠正与预防标准作业程序》文件的规定处理。

（5）投诉的处理时效

1）轻微投诉一般在2日内处理完毕，超时需经公司经理批准。

2）重要投诉一般在3日内处置完毕，超时需经总经理批准。

3）重大投诉应在2日内给投诉的客户明确答复，解决时间不宜超过10日。

5.记录

（1）《客户投诉意见表》。

（2）《投诉处理登记表》。

 【范本36】客户投诉的立项和销项规定 ▶▶▶

1.目的

规范对客户投诉处理、跟进的管理工作，提高服务质量，保证有求必应，有始有终。

2.适用范围

适用于各管理处对投诉案件的处理。

3.定义

（1）立项是指客户服务中心接待人员接到各有关人员或客户的投诉后，按有关规定需要进行完整的处理和跟进，为此在《投诉处理登记表》上进行详细记录，称为立项。

（2）销项是指相对于"立项"而言，一个是始，一个是终。经立项的投诉事项，必须按有关程序处理和跟进，当处理完毕后再反馈回客户服务中心接待人员处，按规定在原立项案下记录处理的完成情况和时间，并由客户服务中心接待人员签名，如因种种原因而无法处理的投诉案件要由客户服务中心经理签名，称作销项。

4.职责

（1）客户服务中心接待人员：详细了解投诉案件的情况，根据公司的有关规定判断是否立项。立项后要认真、负责地跟进，问题解决后也要了解清楚情况，予以记录和销项。

（2）客户服务中心经理：要经常定期、不定期地检查有关人员在处理投诉过程中的立项、销项情况，查阅记录，加强业务指导，完善责任制，根据工作情况给予相关人员奖惩，使投诉的管理有始有终。

5. 工作程序

（1）立项的条件与规定

1）当接到口头/电话投诉后立即填写《投诉处理登记表》，如符合以下条件之一者就可以确定立项/不立项。

① 需要派人到现场进行处理或施工，在处理过程中要求跟进和质量检验的投诉案都要立项。

② 各级领导、有关人员发现的问题，在通知了调度人员后，需要处理跟进的事项都要立项。

③ 客户反映问题、疑问查询后，认为有必要跟进处理的问题要立项。

④ 紧急求救的处理要立项。

⑤ 在公司/管理处权力、责任范围以外的事，客户要求帮助了解和查询的事项要立项。

⑥ 投诉事项经有关人员解释后，客户认为已无问题并不需要跟进，不用立项。

2）立项的规定。

① 客户服务中心接待人员在接到指令或投诉后，要尽可能详细地了解事情的真相，以确定口头解释、立即立项或是弄清情况后再立项等处理方法和步骤。

② 当无法确定如何处理或是否立项时，要立即请示客户服务中心经理或公司经理，以确定是否立项。

③ 指令和投诉案一经立项，有关人员就有责任跟进、催办，直到销项。绝不能拖着不办，不了了之。

3）立项时应立即在《投诉处理登记表》中填上以下内容。

① 是否立项与立项时间。

② 投诉联系人。

③ 立项处理案件的地址和联系电话。

④ 立项内容。

（2）销项的条件与规定

1）销项/不能销项的条件。

① 立项的案件已处理完毕，投诉人已在《维修服务单》上签名认可，副本已送到客户服务中心接待人员处，可以销项。

② 非维修立项案件，在接到有关单据、文字或部门主管人员的口头/电话通知后，经了解事情属实，可以销项。

③ 在处理某一立项案件时，同时又发现连带或是其他问题，如新问题已上报立项，原案件已处理完毕，可以销项。

④ 在处理立项案件中，如发现连带或其他问题，在处理中又无法重新立项，此案件

不能销项。

⑤ 重大事项在处理完毕后，经请示公司经理同意后才可以销项。

2）销项规定。

① 已立项案件在未处理完成之前，任何人无权随便销项。

② 立项案件在处理完成后，除符合以上所提条件外，尚需经过核实，才能销项。

③ 立项案件如因种种原因而无法处理（或暂时无法处理）下去，可做好记录，每季度一次经客户服务中心经理待协调同意后才能销项。

3）销项时应在《投诉处理登记表》中填上以下内容。

① 最后的案件处理结果。

② 同意销项人员的签名（一般案件不要签名，但无法处理案件销项，要由审批人签名），客户服务中心接待人员签名。

③ 销项时间。

6.相关文件

《投诉处理标准作业程序》。

7.相关记录

（1）《投诉处理登记表》。

（2）《投诉记录月总结表》。

【范本37】接待投诉回访制度 ▶▶▶ ----------------------------------

为加强与客户的联系，及时为客户排忧解难，把管理工作置于客户监督中，从而集思广益，及时总结经验、教训，不断改进管理，提高服务质量，特建立接待投诉回访制度。

1.回访要求

（1）对客户的回访是客户服务中心经理、接待人员的工作职责范围，应落实到每年的工作计划和总结评比中。

（2）回访时，要虚心听取意见，诚恳接受批评，采纳合理化建议，做好回访记录。

（3）回访中，对客户的询问、意见，如不能当即答复，应告知预约时间回复。

（4）回访后对反馈的意见、要求、建议、投诉，及时、逐条整理，综合、研究、妥善解决，重大问题向公司请示解决。回访后要认真填写《回访记录表》，回访处理率应达100%。

2.回访时间及形式

（1）客户服务中心经理每年上门回访 1～2 次。

（2）客户服务中心接待人员处理投诉案件，可采取上门、电话、信函等形式进行回访，回访率要求达到100%。

（3）每季度召开一次客户座谈会，征求意见。

（4）每年至少组织一次有针对性地对客户发放调查问卷，做专题调查，听取意见。

【范本38】投诉处理与分析规程 ▶▶▶ ----------------------------------

1.目的

明确对客户投诉进行处理的职责和工作流程，以确保客户投诉得到有效的处理。

2.范围

本程序适用于物业管理过程中所出现的各种客户投诉处理。

3.职责

（1）客户服务中心负责接收客户直接或间接的投诉信息登记，并转给有关责任部门进行处理。相关部门负责实施补救措施、纠正或预防措施，处理好客户投诉。

（2）各部门负责对客户投诉进行调查，分析原因，提出解决措施。必要时提出纠正或预防措施，并对解决措施、纠正措施的有效性进行验证。

4.工作程序

（1）客户投诉接收

1）凡客户对公司经营、管理、服务方面的投诉，不论采取何种方式，如信函、电话、传真或来人面谈，均由客户服务中心进行记录，然后按照客户投诉内容反馈给相关责任部门。

2）相关责任部门对每一份投诉或意见均应记录在《投诉处理登记表》上。

3）各部门要指定人员根据客户投诉的内容，填写《客户投诉意见表》。为了便于跟踪、检索，每一份《客户投诉意见表》都应进行流水编号，并与《投诉处理登记表》中的编号以及客户投诉的书面原件所做的编号保持一致。

（2）客户意见的处理

1）各部门接到《客户投诉意见表》连同客户投诉的书面原件后，由各责任部门经理负责安排解决。

①争取相应的补救措施。

②为了防止客户对同一问题的反复投诉还需采取纠正措施，并按预定时间完成。

2）对重大问题的投诉，各业务主管部门不能处理的或需统一协调的问题，直接报公司经理，由公司经理做出处理决定。

3）对采取纠正措施的问题，各部门按"纠正和预防措施"程序处理。同时在《客户投诉意见表》中记录相应"纠正或预防措施报告"的编号以便于跟踪检索。

4）各责任部门在完成补救措施后，应将处理结果反馈给受理投诉的客户服务中心，客户服务中心回访通报投诉客户。

（3）客户投诉定期分析

1）客户的投诉分析按半年和年终分两次进行。

2）将客户对公司经营或服务管理方面的投诉情况运用统计方法，如排列图或曲线图等进行分析。

3）对反复出现的客户投诉问题，公司应组织有关部门进行探讨并解决。

4）责任部门接到客户投诉后，应立刻采取补救措施，在预定时间内向客户答复，根据具体情况，时间最长不超过两天。

5.支持文件与记录

（1）《客户投诉意见表》。

（2）《投诉处理登记表》。

 【范本39】物业管理公司投诉处理办法 ▶▶▶ --------------------------------

第一章　总则

第一条　为规范投诉处理的程序和流程，加强投诉处理的及时率，保证为投诉人提供优质、高效的物业服务，根据相关制度，特制定本考核办法。

第二条　广州市××物业管理有限公司所管辖物业范围内的投诉处理工作，均适用于本考核办法。

第三条　服务中心主要负责投诉的受理、处理、回访以及汇总统计工作。每月25日将投诉汇总报表送报督导室。

第四条　督导室负责投诉的处理，并检查投诉的处理情况和处理结果。

第二章　投诉的受理与接待

第五条　服务中心调度员或主管在接待投诉人来访时，行为举止应热情、大方。对于未按《客户接待语言行为规范》的要求，使用文明服务用语，扣罚当事人30元，引起投诉人投诉的，扣罚当事人50～200元。

第六条　调度员未按规定记录投诉项目，包括投诉人、投诉时间、投诉事项、联系方式以及接单人等，缺少记录项目，扣罚当事人50元；导致投诉处理不及时或不准确的，扣罚当事人100～200元。

第七条　调度员或主管在接听来电时，应使用规范用语，对于投诉人提出的简单问题，应做好详细解答。对于未按规定用语和标准接听电话的，扣罚当事人30元；对于解释工作不到位，引起投诉人误解或曲解，影响物业公司信誉的，扣罚当事人50～100元。

第三章　投诉的处理与回访

第八条　调度员在接到投诉人投诉后，无论是有效投诉还是无效投诉，均应在首报5分钟内将相关投诉反馈至相关部门的相关人员。对于无效投诉，经证实后，调度员应对投诉人做好详细的解释工作。如有对某项投诉置之不理或不处理，扣罚当事人50元；引起投诉人再次投诉的，扣罚当事人100元。

第九条　对于紧急投诉，调度员未在3分钟内反馈处理和上报的，扣罚当事人100元；引起严重后果的，应对当事人处以200元以上的罚款；对于其他投诉，调度员未在12小时内处理和反馈的，扣罚当事人100元；导致投诉问题积压，影响投诉处理的及时率，引起投诉人再次投诉的，扣罚当事人200元。

第十条 调度员或主管安排人员处理投诉，应当科学、合理，并将投诉事项详细告知投诉处理人。对于因调度不合理或者交代不清等原因，扣罚当事人50元；而导致投诉问题不能得到及时解决的，扣罚当事人100元。

第十一条 投诉处理人在接到调度安排后，无论是否合理，均应予以服从，及时有效地进行投诉的处理工作。对于不服从调度安排，态度恶劣的，扣罚当事人200元。

第十二条 投诉处理人应在接单后12小时内完成投诉的处理。对于未完成的，须将处理情况和进度反馈至调度中心。如与投诉人有约定处理时间且合理的，以约定时间为准，但应有书面证明。对于未在规定时间内完成或反馈的，扣罚当事人50元。

第十三条 投诉处理人对于在规定时间内未完成的投诉，应按照规定逐级上报，同时应对投诉人做好安抚和解释工作。对于投诉首报24小时之内还未完成且不上报的，或对投诉人未做好安抚和解释工作的，扣罚当事人50元；引起投诉人强烈投诉的，扣罚当事人100元。

第十四条 对于投诉处理，所采取的方式和方法应当合理合法，解释工作应当到位。对于处理投诉采取不合理合法的方式，或因解释不到位的，扣罚当事人100元；引起投诉人强烈投诉的，扣罚当事人200元，扣罚部门经理100元，扣罚主管领导100元。引发严重后果的，做专题报告处理。

第十五条 公司在全员范围内推行投诉处理"首问责任制"。对于接到投诉的第一人，不管是否为投诉处理人，都应当积极接待，并及时反馈至相关部门，跟进投诉处理情况和结果，并将其告知投诉人。对于未按规定跟进投诉，对投诉问题进行推诿，未及时反馈至相关人员或部门的，导致投诉处理工作没有落实，当事人当月工资下浮100元。

第十六条 投诉处理完毕后，投诉处理人应将其处理结果在完成后的12小时以内反馈至调度中心。对于未及时反馈，导致投诉汇总工作出现漏报和不及时的，当事人当月工资下浮50元。

第十七条 调度中心根据反馈的信息，对于已经完成的投诉，应在一周内进行电话回访。对于重大投诉，应安排相应的物业助理进行上门回访，回访应当有书面的记录或回执。对于未在规定时间内完成电话回访的，当事人当月工资下浮30元。重大投诉回访未在规定时间内完成，或无书面记录、回执的，当事人当月工资下浮50元。

第四章 投诉处理的监督和检查

第十七条 服务中心于每月25日将投诉汇总报表送至督导室，经发现有漏报、错报和不报的，服务中心主任当月工资下浮200元，服务中心主管领导当月工资下浮100元；督导室必须至少2次/月对投诉的处理情况进行抽查，督导室未按规定时间进行督导，督导室主任当月工资下浮200元。

第十八条 各部门负责人应对归属各自部门的投诉处理情况进行抽查。对于不能及时处理问题，投诉处理率未达到100%的，扣罚相关责任人300元。

第十九条 以上的违规行为，连续发生两次，当事人和部门领导加倍处罚；连续发生三次，当事人做劝其离职处理。

第五章　附则

第二十条　以上扣罚均从责任人当月的奖金中予以执行，直至扣完为止。

第二十一条　本办法由广州市××物业管理有限公司服务中心负责解释。

第二十二条　本办法自下发之日起施行。

第三节　客户投诉的处理

物业公司应站在客户的角度，尽最大可能解决客户的实际问题，提升客户满意度。

一、投诉处理原则

客户投诉有效处理要遵循下图所示六大原则。

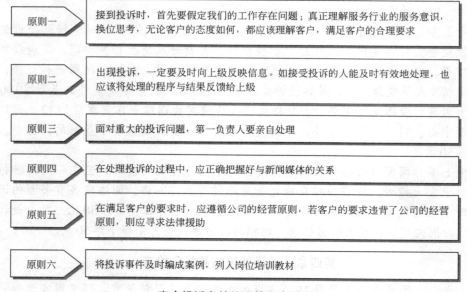

原则一	接到投诉时，首先要假定我们的工作存在问题；真正理解服务行业的服务意识，换位思考，无论客户的态度如何，都应该理解客户，满足客户的合理要求
原则二	出现投诉，一定要及时向上级反映信息。如接受投诉的人能及时有效地处理，也应该将处理的程序与结果反馈给上级
原则三	面对重大的投诉问题，第一负责人要亲自处理
原则四	在处理投诉的过程中，应正确把握好与新闻媒体的关系
原则五	在满足客户的要求时，应遵循公司的经营原则，若客户的要求违背了公司的经营原则，则应寻求法律援助
原则六	将投诉事件及时编成案例，列入岗位培训教材

客户投诉有效处理的六大原则

二、投诉的常规应对策略

处理投诉时，应本着"细心细致、公平公正、实事求是、依法合理"的原则，以国家的法律、地方法规、行业规定及业主公约、客户手册为依据，实事求是地设法解决问题，消除客户的不满。

处理客户投诉，一般采取下图所示策略。

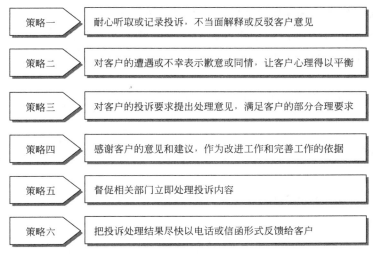

策略一	耐心听取或记录投诉，不当面解释或反驳客户意见
策略二	对客户的遭遇或不幸表示歉意或同情，让客户心理得以平衡
策略三	对客户的投诉要求提出处理意见，满足客户的部分合理要求
策略四	感谢客户的意见和建议，作为改进工作和完善工作的依据
策略五	督促相关部门立即处理投诉内容
策略六	把投诉处理结果尽快以电话或信函形式反馈给客户

处理客户投诉的策略

1.耐心听取或记录投诉，不当面解释或反驳客户意见

客户前来投诉，是对物业公司某些方面的服务或管理有了不满或意见，心里有怨气。此时若一味解释或反驳客户的投诉，客户会认为物业公司不尊重其意见而加剧对立情绪，甚至产生冲突。所以物业公司要耐心听客户"诉苦"并进行记录，使客户感觉到物业公司虚心、诚意的态度，随着诉说的结束其怨气也会逐渐消除。

2.对客户的遭遇或不幸表示歉意或同情，让客户心理得以平衡

客户投诉的问题无论大小轻重，都要认真对待和重视，要采取"移情换位"的思维方式，转换角色，设身处地站在客户立场，感受客户所遭遇到的麻烦和不幸，安慰客户，拉近与客户的心理距离，并表示要立即改正己过，一般情况下会让客户感到满意。

3.对客户的投诉要求提出处理意见，满足客户的部分合理要求

很少有客户向物业公司投诉是为表示"彻底决裂"的，大多客户投诉是来向物业公司"谈判"，使物业公司重视其投诉，并能解决其投诉的问题。

物业公司要站在"公平、公正、合理、互谅"的立场上向客户提出处理意见，同时，协调解决好客户遇到的困难和问题，满足客户的部分合理要求。

4.感谢客户的意见和建议，作为改进工作和完善工作的依据

投诉是客户与物业公司矛盾的最大屏障。客户能向物业公司投诉，表明客户对物业公司还持信任态度，物业公司要有"闻过则喜"的度量，对客户的信任表示感谢，并把客户的投诉加以整理分类，以改进管理和服务工作。并可以从另外一个角度检讨、反思物业公司的各项工作，更加完善和改进管理及服务工作。

5.督促相关部门立即处理投诉内容

对投诉处理的实际效果，直接关联到物业公司物业的声誉及整体管理水平。投诉处理的关键是尽快分析投诉内容，查清原因，督促有关部门限时进行处理，达到预计结果，并使客户满意；要确保不再发生同样问题，坚决杜绝"二次投诉"的发生。

6.把投诉处理结果尽快以电话或信函形式反馈给客户

尽快处理投诉，并给客户以实质性答复，这是物业管理投诉工作中的重要一环。客户口头投诉可以电话回复，一般应不超过1个工作日；客户来函投诉则应回函答复，一般不应超过3个工作日。

回复客户时可以向客户表明其投诉已得到重视，并已妥善处理，同时及时的函复可显示物业公司的工作时效。

三、客户投诉的处理流程

（一）投诉的常规处理程序

投诉的常规处理程序如下图所示。

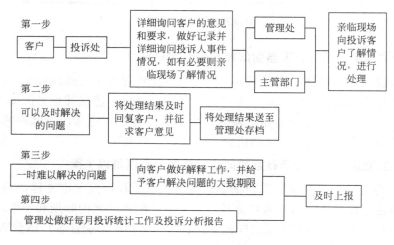

投诉的常规处理程序

（二）投诉处理的具体操作

1.投诉的受理

（1）接到客户的投诉应及时登记，受理客户投诉时应收集的信息包括客户的姓名、地址、电话、投诉事件等。受理客户投诉时应注意表示对客户的尊重和关心，了解事件的真相、客户的感受和客户想通过投诉达到的意愿，受理结束时，要对客户致歉或感谢其对我们服务工作的支持。受理邻里纠纷投诉时，注意不要强行索要客户房号、姓名等，以免投诉客户反感。

（2）受理人员对于不了解的事情，忌猜测和主观臆断。受理人员能够及时处理的投诉要及时处理，不能及时处理的，应与客户明确最快反馈信息的时间，然后立即将投诉信息转交部门客户服务负责人（或指定岗位），由客户服务负责人（或指定岗位）处理客户投诉。

（3）客户服务中心各类职员接到客户投诉时均应准确记录并及时反映至指定岗位。

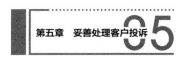

（4）客户服务中心每日需对当日受理的投诉进行日盘点，以防止遗漏和信息传递上的失误，延误投诉处理的时机，导致投诉升级或矛盾激化。

客户投诉处理表

管理处：

楼栋/房号		客户姓名		联系电话	
投诉时间：　　年　　月　　日　　时　　分 投诉内容： 					
调查情况： 有效投诉□　无效投诉□　调查人：　　年　　月　　日					
处理意见： 责任人：　　年　　月　　日					
处理结果： 					
回　访　情　况					
回访形式			回访时间		
客户满意度	比较满意（　　）满意（　　）不满意（　　）				
客户其他意见： 					

2.投诉的处理

（1）客户服务中心负责人根据投诉内容，安排专业人员对客户投诉信息进行现场了解。

（2）根据了解的情况拟定处理措施，在约定或规定的时间内进行回复。

（3）如果客户同意，则按双方达成的一致意见处理；如果客户不同意，则进一步与客户沟通和协商，直至双方达成一致意见。

（4）客户服务中心努力后仍不能及时处理的投诉，应及时向公司品质部报告，由品质部负责处理、跟进和回访。

（5）对于上交到或直接投诉到公司的投诉，客户服务中心验证处理措施后，应将结果及时反馈至公司，以便于公司回访。

（6）对于客户的无理投诉，也应该给予合理、耐心的解释，通过适当的沟通技巧让客户接受。

3.网上投诉处理

（1）客户服务中心应重视网上投诉的负面效应，安排人员关注网上投诉，及时将网上投诉通知被投诉业务负责人或指定岗位人员调查投诉事件真相。

（2）被投诉部门应立即调查、了解投诉事件，并将真实情况及拟处理措施经部门负责人审批后反馈至客户服务中心和公司品质部，严禁公司员工在网上回复不严肃和讽刺意味的帖子。影响面较大的，可能会出现跟帖或群诉的网上投诉，处理措施须先报公司品质部审核。

（3）投诉产生或客户服务中心转发投诉信息后限定时间内须有回复，工作时间内的网上投诉在当天内应有具体措施的回复，非工作时间内的网上投诉应在上班后的当天内有具体措施的回复。

（4）对网上投诉，在回复时要体现真诚，不推卸责任，回复内容要涵盖所有的投诉问题；要体现专业，不犯专业错误，避免消极应付，对网上投诉不能采取轻视态度，防止出现因回复不当导致众多跟帖，引发公愤的现象。

（三）处理过程中的细节要求

1.耐心倾听，不与争辩

物业公司一定要以平静关切的心态认真耐心地听取客户的物业管理投诉，让客户将投诉的问题表述完。在倾听的同时，要用"是""对""的确/确实如此"等语言，以及点头的方式表示自己的同情，不要打断客户说话。因为中途打断，会给客户造成以下印象：一是客户的投诉是明显错误的；二是客户的投诉是微不足道的；三是没有必要听客户说话。打断客户会使其认为得不到应有的尊重。

与此同时，物业公司还可以通过委婉的方式不断地提问，及时弄清投诉的根源所在。对那些客户失实、偏激或误解的投诉，物业公司千万不要流露出任何不满、嘲弄的情绪，要对客户的感情表示理解，争取最大限度地与客户产生感情上的交流，使客户感受到物业公司虚心诚恳的态度。不能钻"牛角尖"，或做任何敌对性、辩解性的反驳。因为客户前来投诉，是对物业公司某些方面的服务、管理有了不满或意见，心理有怨气，此时若一味解释或反驳客户投诉，客户会认为物业公司不尊重其意见而加剧对立情绪，甚至产生冲突。

2.详细记录投诉内容

在仔细倾听客户的物业管理投诉的同时，还要认真做好投诉记录，尽可能写得详细点、具体点，内容包括投诉的时间、地点，投诉者姓名、联系电话（含手机、家庭电话、单位电话、应急联络电话等）、所居住地，被投诉者、部门，投诉事项，投诉的要求与目的，接受或处理人等。

因为做好记录，不仅可以使客户讲话的速度由快转慢，缓冲其激动而不平的心情，这还是一种安慰客户的方式。

3.重复投诉问题，表示同情并加强交流与沟通

当听完以及记录完客户的投诉之后，物业公司应对客户所投诉的内容以及所要求解

决的项目复述一遍，看看是否弄清楚了客户所投诉的问题所在，便于进一步进行处理解决。可以说："××先生、小姐/女士，您是说……是吗？""××先生、小姐/女士，您认为……对吗？""××先生、小姐/女士，您所投诉的问题是不是这样……"等。经过带有提问的投诉内容的复述，要求客户给予肯定或否定的回答。有时候，客户听完物业公司的复述后，会说："是的，就是这样"或"对，我就是这个意思"。当客户所表述的投诉内容不清楚，或对物业公司的倾听没有真正理解时，也会说："不，不是这个意思，我是说……"等。

对客户的遭遇或不幸表示歉意、理解或同情，让客户的心态得以平衡。可以说一些诸如此类的话："谢谢您告诉我这件事情""这件事情发生在您身上，我表示非常抱歉/难过""是的，我完全理解您现在的心情""如果遇到我，也会这样的"等。如果遇到客户在投诉中大叫大嚷，手拍桌子，脚踢凳子等情况，则应上前主动对其表示关怀，说一些关心、体贴入微的话，如"不好意思，请您消消气，不要这样""请您不要生气，这样会伤了您的手/脚/身体"之类的话。

物业公司要有"角色转换""将心比心"等处理物业管理投诉的心态，转换一下位置，设身处地从客户的角度看待其所遭遇到的麻烦和不幸，安慰客户，最大限度地接近与客户的心理距离。正如一位很有经验的公关专家所述的那样：在与顾客的接触中，应该表示自己很能理解顾客的心情，尤其是在顾客生气、发怒时，更应该说一些为顾客着想的话，这种与顾客心理上的沟通往往会使双方的关系发生微妙的变化，从敌对转向合作，从僵硬转向融洽，从互不让步转向相互让步，如此才能有利于问题的解决。

物业公司要尽可能投其所好，找出共鸣点，与其交朋友，这样就更能接近投诉者，达到心与心的交流与沟通，正所谓"不打不相识"。同时在交流过程中要富有幽默感，因为在人与人之间的交往中，幽默往往具有一种奇妙的力量，它是一种润滑剂，可以使原来的紧张变得平和、顺利和自然，起到"化干戈为玉帛"的作用。

4.判定物业管理投诉性质

首先应确定物业管理投诉的类别，然后判定物业投诉是否合理。如投诉属于不合理的情况，物业管理人应该迅速答复客户，婉转地说明理由或情况，真诚求得客户的谅解。同时要注意：对客户的不合理投诉只要解释清楚就可以了，不要过多纠缠。如属于合理有效的物业管理投诉，物业公司一定要站在"平等、公正、合理、互谅"的立场上提出处理解决意见，满足客户的合理要求。在着手处理解决问题时，注意要紧扣所投诉的问题点，不随意引申。要充分估计解决问题所需要的时间，最好能告诉客户确切解决的时间。如果没有把握也没关系，只要向客户说明情况，相信客户也会通情达理的。

5.尽快处理投诉内容

物业公司要立即行动，采取措施，尽快处理投诉内容。拖延处理客户的投诉，是导致客户产生新投诉的根源。及时处理是赢得客户信赖的最好方式。同时还要特别注重物业投诉处理的质量，这直接关系到物业公司的声誉与形象，弄不好还会造成好事变成坏事，使客户失去对物业公司的信任，最终导致"大意失荆州"的惨局。

6. 及时反馈

物业管理投诉处理完毕后，物业公司要把投诉处理的结果以走访、电话、信函等方式直接反馈给客户，这是处理物业管理投诉工作的重要环节。倘若失去这一环节，则表明物业公司所做的一切努力与辛苦的工作将付诸东流。客户口头投诉可以用电话形式回复，一般不应超过一个工作日；客户来函投诉则应以回函形式给予答复，一般不应超过三个工作日，特殊情况下不得超过一周。回复客户可以向客户表明其投诉已得到重视，并已妥善处理。从另外一个角度说，及时回复可显示物业公司的工作时效。

7. 感谢客户的意见和建议，作为改进和完善工作的依据

物业管理人处理完物业投诉后，最好给每一位投诉的客户发放一份"感谢函"，感谢他们的投诉、感谢他们的信任与支持。

四、客户投诉回访

客户投诉处理完毕经过验证合格后，客户服务中心负责人应及时回访客户，并对客户意见进行记录。

（一）不需回访的情况

以下几项情况无须回访。

（1）现场能即时处理并得到客户满意确认的投诉。

（2）匿名投诉、无法确定联络方式的网络投诉。

（3）不便回访的敏感投诉等。

（4）对于非本部门能力解决的投诉（如由于政府机关、企事业单位的行为或责任引起的投诉），应及时跟进、协调，并适时向客户通报进展状况。

（二）回访内容、形式

回访主要是征询客户对投诉受理过程、处理措施、结果的意见，回访形式包括电话、上门访谈、网上回帖和调查问卷等。

（三）注意事项

如客户因个性化原因对回访或访谈非常不接受，一定要记录清楚，避免再次回访或访谈造成投诉。

五、建立客户投诉档案

物业公司可以按每月或每季度将各类投诉记录的文件给予归类存档，进行分析、评价、检讨，总结教训与经验，完善和改进管理及服务工作，从中积累处理个案的经验。

客户投诉处理过程中形成的记录，均为该投诉的档案。

（1）客户投诉处理完毕后需将客户投诉档案统一永久保存，或输入工作软件中，定期备份保存。

（2）客户服务中心应指定专人收集投诉日报涉及本部门的投诉，并纳入统计分析，

保存有关资料。

（3）重大投诉应单独立卷保存。

（　　）月客户投诉处理记录表

序号	日期	客户姓名	住址	客户联系电话	接待人	投诉内容	处理结果	投诉单编号
1								
2								
3								
4								
5								
6								
7								
8								

六、客户投诉信息的发布与反馈

（一）客户投诉信息发布要求

客户服务中心应对共性和公共部位、公共利益投诉、客户纠纷类投诉等投诉及建议处理情况每月公布一次（如无此类投诉，可不用例行公布），公布的形式通过小区公布栏、社区刊物、业主恳谈会等途径进行，目的是使客户及时了解投诉处理进程，增加和客户沟通交流的机会。

投诉回复时限要求：客户当面、电话、口头投诉应在当日内回复；书面或邮件投诉应在2个工作日内回复。

（二）投诉信息反馈要求

物业公司应对投诉信息的反馈做出明确规定，如下表所示。

投诉信息反馈要求

序号	投诉分类	反馈要求
1	所有投诉	应进行汇总分析，并在规定日期（如每月28日前）报公司品质部
2	重大投诉	应在1个工作日内报公司品质部和分管领导，处理完毕后应有详细的专题报告，包括投诉的内容，产生投诉的原因，处理过程和结果，经验教训和纠正措施（重大投诉指因物业服务工作失误导致投诉，要求赔偿金额在1000元以上的投诉）
3	热点投诉	应在1周内报公司品质部和分管领导，包括投诉内容、投诉产生原因分析、目前处理情况的简要描述、投诉处理难点分析及需协助的事项。处理完毕后1周内将投诉的内容、产生的原因、处理情况、经验教训等形成专题案例报告，报公司品质部和分管领导（热点投诉指1个月内累计3次以上不同投诉人的相同投诉或3人以上的集体投诉）

七、客户投诉的统计分析

（一）客户投诉统计

客户服务中心应每月对产生的客户投诉进行一次统计。统计的内容包括对投诉产生的原因/性质的分析、投诉总件数、具体内容、采取的纠正措施及经验教训总结（即拟采取的预防措施）、投诉处理结果（是否关闭）等。

（1）统计的投诉应包含以各种途径受理的各种形式的投诉，包括来访、来电、书信、电子邮件、网上论坛、报纸等，同时也包含上级公司、相关单位传递的与物业服务相关的投诉。

（2）所有受理的一线投诉，投诉受理人都应予以完整记录，由指定专人负责核实，确定是否予以统计分析。

（3）对于同一客户提出的不同投诉，应在对应的投诉类型中分别统计。

（4）多次多人对于同一事件投诉，按一件投诉统计，但应在投诉内容中具体说明投诉人数、次数及影响程度。

（5）对于网上投诉的统计，应按投诉内容区分，多次多人对于同一事件投诉或跟帖，按一件投诉统计，但应具体说明跟帖反应热度及网下影响程度，对于跟帖中出现的新内容的投诉应另行统计。

（6）所有投诉都应按其产生的最终原因进行分类统计，避免根据客户投诉时所描述的表象进行分类（除分类定义指定外）。

（7）投诉是否关闭，以回访验证时客户对投诉处理结果是否满意作为判断依据，对于无须回访的投诉，以处理完毕后一周内无再次投诉作为投诉关闭的判断依据。

（二）客户投诉的分析方法

投诉分析的内容应包括对投诉总量、投诉类型、投诉趋势等的比较和原因分析，针对性的纠正措施，重点投诉、代表性投诉个案的深度剖析等，同时建议深层次挖掘投诉产生与项目定位、客户群体、服务标准、收费标准、资源成本等方面的关系，为今后同性质项目的物业管理服务提供参考依据。具体分析要素如下。

1.投诉总体分析

投诉总数及其发展趋势分析（各时间段的纵向比较）、各月份投诉量的分析及产生原因，如投诉与新业主入住或新员工培训不到位等因素有关。

各专业投诉总数及相应的业务强弱项分析，找出工作不足之处并采取措施避免类似投诉发生（着重从中挖掘客户关注的业务，并进行横向比较分析）。

2.投诉重点分析

投诉比较多的专业投诉原因的细项分析，具体可参照影响服务过程质量的人、机、料、法、环五大因素。

客户投诉分析的重点

序号	因素	说明
1	人	由于物业服务人员因素影响服务质量而引起的投诉，具体分为 （1）服务态度：即职业道德、敬业精神、服务礼仪、服务心态等 （2）服务规范：即是否严格按照公司有关规定、流程、标准、时限提供服务 （3）服务技能：即是否拥有岗位所应具备的基本技能、专业知识和服务技巧等
2	机	由于物业服务设施因素影响服务质量而引起的投诉，具体分为 （1）外观完好性：即服务设施外观是否完好，包括外观整洁、没有破损、没有安全隐患以及配件、说明书齐全等 （2）质量合格性：即服务设施质量是否合格，是否经常失效等 （3）功能适用性：即服务设施功能是否适用，其设置是否充分发挥了功效，是否达到了预期的管理服务目的
3	料	由于物业服务过程中使用的物料（主要是低值易耗品、标志等）或提供的信息的因素影响服务质量而引起的投诉，具体分为耐用性、经济性、准确性
4	法	由于物业服务过程规范、流程、标准、管理方法、服务方式等因素影响服务质量而引起的投诉
5	环	由于物业服务提供所处的外部环境因素影响服务质量而引起的投诉

3.投诉个案分析

主要针对具有代表性和影响面大的投诉，分析包括投诉要点及突出反映的问题，产生投诉的原因，处理过程和结果，事件恶化的原因，经验教训和纠正措施等。

4.投诉情况总结及建议

对投诉的处理措施、建议也要进行分析，找出一些有效的方法。

第四节　如何降低投诉的发生

一、提供高水准的物业服务

高水准的物业服务具有九大要素，如下图所示。

要素一　服务态度 —— 热情

物业管理属于服务性行业，×× 物业又是行业的典范，要求员工能真正地理解本公司的企业精神" 真诚，善意 "。员工应以发自内心的真诚笑容为客户热情服务，尤其应做到文明礼貌、语言规范、谈吐文雅、遵时守节、衣冠整洁、举止大方、动作雅观、称呼得当

要素二 ▶ 服务设备 —— 完好

良好而完善的硬件设施是实现高水平物业管理的先决条件。物业管理中的服务设备包括房屋建筑、机器设备（如水泵、电梯）、卫生设备、通信设备、电器设备等。对这些设备要加强管理、精心养护，使之始终处于完好状态，降低设备故障率

要素三 ▶ 服务技能 —— 娴熟

服务技能是物业管理从业人员在服务管理中应该掌握和具备的基本功。除了需具有良好的服务意识外，更重要的是员工应具备较好的业务素质，如工程人员应具备过硬的设备维护技术，财务人员应具备丰富的财务管理知识，保安人员应具备过硬的治安消防本领等

要素四 ▶ 服务项目 —— 齐全

除了做好物业管理综合服务收费所包含的必要服务项目外，物业公司还要努力拓展服务的深度和广度，努力开展各种能满足客户需要的特约服务和便民服务，使客户享受到无微不至的关怀和尽善尽美的服务

要素五 ▶ 服务方式 —— 灵活

物业管理除了规范管理、依法管理外，还应设身处地的为客户着想，努力为客户提供各种灵活的服务方式，切忌死板僵硬的管理，应尽可能在办事手续、作业时间、服务范围等方面给客户提供方便

要素六 ▶ 服务程序 —— 规范

服务程序是指服务的先后次序和步骤，它看起来无关紧要，实际上也是衡量物业管理水平的重要标准之一。如电话接听程序、设备操作程序、装修审批程序、清洁程序等都要严格按次序一项接一项、一环扣一环，不可随心所欲、杂乱无章

要素七 ▶ 服务收费 —— 合理

物业管理属于有偿的服务行为，客户不交管理费而享受服务是不现实的，但物业公司制定的综合服务收费标准应不高于政府规定的收费标准，物业公司开展的特约服务和便民服务也应该以满足客户需要为目的，以"保底微利，以支定收"为原则，切不可"张开大口"向客户乱收费或收费多、服务少等

要素八 ▶ 服务制度 —— 健全

物业管理应制定并健全一整套规范、系统、科学的服务制度，以确保为用户提供稳定的服务。这些制度应清晰有序、易于操作，切忌随意化、无章可循和以个人意志为主的管理

要素九　服务效率 —— 快速

服务效率是向客户提供服务的时限。在"时间就是金钱，效率就是生命"的时间价值观下，服务效率高不仅能节省时间，而且可以为客户带来利益。因而物业公司应尽量提高员工素质，减少工作环节，简明工作程序，缩短办事时间，提高服务效率

高水准物业服务的九大要素

二、减少投诉的策略

（一）完善制度

不断建立和完善各项管理和服务制度，并严格按工作规程和规范开展工作，是减少投诉的关键。

完善的管理制度和严格的工作流程为服务及管理提供了量化标准，既有利于物业公司提高管理水平，完善各项服务，也有利于客户以客观的标准来评价和监督物业公司的工作。

（二）强化沟通

加强与客户的联系与沟通，经常把有关的规定和要求通过各种渠道传达给客户，使客户理解、支持和配合，这是减少投诉的重要条件。

物业管理属于感情密集型服务行业，客户在物业中停留时间较长，与物业公司合作时间也较长，因此与客户的感情交流尤为重要。

物业公司应积极通过联谊等形式，开展社区文化建设，促进与客户的交流，可以消除与客户之间的感情隔阂，使客户对物业公司产生一定的信任度。

（三）加强培训

利用各种形式，加强物业从业人员的培训，提高员工的服务意识、服务技能以及预见能力，这是减少投诉的保证。

物业管理服务的过程往往是同步完成的。因此，每位员工的服务都有一定的不可补救性，客户对某位员工恶劣态度所产生的坏影响，会延及整个物业公司。

所以，为减少投诉，应加强员工培训，不仅培养员工使用规范用语、进行规范操作的能力，还要培训员工的灵活服务技巧和应变能力，更要加强员工的服务意识和职业道德教育，并配以奖惩机制，督促、激励员工提供优质服务。

（四）及时控制

加大巡查力度，及时发现和解决问题，把事态控制在萌芽状态，这是减少投诉的根本。

加强日常管理，"防患于未然"，通过巡视检查等手段，尽量减少事故发生，加强管理中的各个环节，杜绝管理中的漏洞，使管理趋于"零缺点"或"无缺陷"的尽善尽美状态。

（五）提供更优质的服务

适应社会的不断发展，寻找新的服务方式和方法，这是减少投诉的前提。如果物业公司不进行创新，保持旧的服务优势和质量，还是会招致客户的不满。物业公司应注重研究客户的潜在的需要，具有超前、创新思维，提供更完善的管理和更便利的服务，才能获得客户长久的满意和支持，减少投诉的发生。

第五节 投诉利用

一、投诉价值

当客户的投诉得到满意的解决时，他们一般会继续做你的忠诚顾客，并会向朋友和同事们讲述自己的投诉是怎样被解决的。

但是，那些投诉未得到处理的客户呢？他们是竭尽全力地抱怨，还是无声无息，但心怀怨恨，或是向朋友们讲述自己遭受的恶劣服务？

投诉对于以服务为中心业务的公司非常重要。客户的投诉过程暴露出我们对客户服务中的弱点和亟待改进的方面，并为公司提供了表明自己高度重视客户的机会。

二、鼓励客户投诉

物业公司可以通过下图所示方式来鼓励客户投诉。

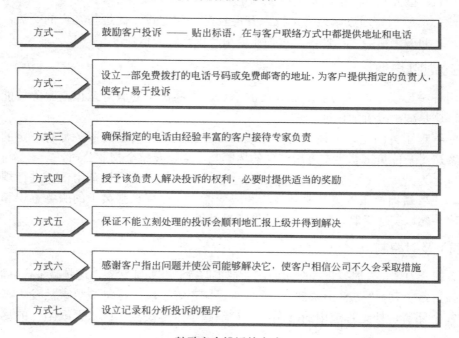

方式一	鼓励客户投诉 —— 贴出标语，在与客户联络方式中都提供地址和电话
方式二	设立一部免费拨打的电话号码或免费邮寄的地址，为客户提供指定的负责人，使客户易于投诉
方式三	确保指定的电话由经验丰富的客户接待专家负责
方式四	授予该负责人解决投诉的权利，必要时提供适当的奖励
方式五	保证不能立刻处理的投诉会顺利地汇报上级并得到解决
方式六	感谢客户指出问题并使公司能够解决它，使客户相信公司不久会采取措施
方式七	设立记录和分析投诉的程序

鼓励客户投诉的方式

三、方便客户投诉

下图所示是一些可以鼓励客户勇于投诉，并同时表示关注态度的方式。

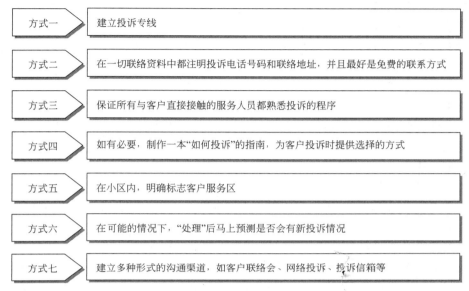

方式一	建立投诉专线
方式二	在一切联络资料中都注明投诉电话号码和联络地址，并且最好是免费的联系方式
方式三	保证所有与客户直接接触的服务人员都熟悉投诉的程序
方式四	如有必要，制作一本"如何投诉"的指南，为客户投诉时提供选择的方式
方式五	在小区内，明确标志客户服务区
方式六	在可能的情况下，"处理"后马上预测是否会有新投诉情况
方式七	建立多种形式的沟通渠道，如客户联络会、网络投诉、投诉信箱等

方便业主投诉的方式

四、投诉的答复

客户希望自己的投诉能够得到迅速、积极的答复。答复的方式可以是打电话，也可以是写信，取决于问题的性质和时间。物业公司不仅应该解决问题，还应利用时机让客户确信物业公司将致力于提供最高标准的服务。

以下是某物业公司给一位客户的四封信，但该客户到此时还未从该公司得到满意的答复。

　　信（1）：问题需要解决

　　感谢您告知，您对我们的某项服务不满意。虽然我们旨在从一开始就提供最高标准的服务，但是我们知道还是会出现问题，我们很高兴您能为我们指出问题。我们会对客户的忧虑积极做出答复，并且非常重视使用一些特殊的处理程序，我们诚心希望您继续使用我们的服务，期待着能再次接待您。

　　再次感谢与我们联络。

　　信（2）：公司无法与客户取得联系

　　您最近与我们公司联系有关……的问题，我们希望可以和您单独电话讨论，但是未能与您取得联系。烦请您打电话给……（可为您接听的人员姓名、电话号码），并通知他们我们何时可与您联络，我们将给您致电。得知您遇到了问题，我们甚感遗憾，我们希望尽快为您解决困难。虽然我们旨在提供最高标准的服务，但是我们知道还是会出现问题，我们很高兴您能为我们指出问题。我们会对客户的忧虑积极做出答复，并且非常重视使用中的特殊……程序。

再次感谢您与我们联络……我们希望很快可以与您对话。

信（3）：问题重复

您最近就……的问题与我们公司联络，我们了解您还未得到满意的答复。对于这一迟延我们甚感遗憾，现在我们直接负责解决这一问题。

请您选择：

我们想单独直接和您通电话，但未能联络上。烦请您打给……（可为您接听的人的人员姓名、电话号码），并通知他们我们何时可与您联络，我们将给您回电。

或者：

我们想单独直接和您电话交谈，我们会在今后几天与您联系。

我们希望能尽快解决问题。虽然我们旨在提供最高标准的服务，但是我们知道还是会出现问题，很高兴您能为我们指出问题。我们会对客户的忧虑积极做出答复，并且非常重视使用中的特殊……程序。

再次感谢与我们联络……我们希望很快可以与您对话。

信（4）：问题需要专家答复

您最近就……问题与我们公司联络，我们了解您还未得到满意的答复。对于这一迟延我们甚感遗憾，现在我们直接负责解决这一问题。

您的要求正由……部门的专家进行调查，我们已让该人……天内向领导汇报。届时，我们会与您电话联络，如有必要，专家会和您直接联络。

我们希望尽快解决问题。

虽然我们旨在提供最高标准的服务，但是我们知道还是会出现问题。我们很高兴您能为我们指出问题。

我们会对客户的忧虑积极做出答复，并且非常重视使用中的特殊……程序。

再次感谢与我们联络……

我们希望很快可以与您对话。

五、从投诉中学习

有效的投诉解决程序固然重要，但还是应该把客户投诉当作一种能使物业公司改进服务和服务流程的研究形式。要充分利用客户投诉，公司应建立记录、分析投诉并采取行动的程序。

（1）确保所有投诉都有记录。

（2）确认投诉严重性，评估是否有必要采取补救行动。

（3）观察不同类型投诉的频率，据此排列采取行动的先后顺序。

（4）采取补救措施行动后，监督产品和业务流程的效果。

附录
物业服务投诉
处理案例

1. 家有飞虫

2017年4月底，××花园某业主来到客户服务中心，反映家中有大量的飞虫，影响她的正常生活。接报后，客户服务中心立即派管理员到其家中，仔细查看了室内飞虫情况：业主家中的浴缸内、地板上随处可见或躺或爬的小虫。随后又详细地询问了业主飞虫产生的情况，并对业主居室周边环境、绿化等方面进行仔细查看，排除了室外环境、绿化产生飞虫的可能。因这种飞虫以前没有发现过，我们先采取常规的消杀手段进行控制，然后马上带着样品前往区卫生防疫站进行咨询，接待人员也不能确定此种飞虫的种类及有效的消杀手段。次日我们又回访了该户业主，发现飞虫仍未绝迹。

为了彻底解决这一问题，我们又带着样品走访了中科院上海昆虫研究所，仍未得到准确的答复。最后，请教了当地农学院的专家，终于认定该虫叫拟黑尾天牛，是当地新发现的虫害品种，主要发生于盆栽花的土壤、地板、木质家具等。了解了该虫的特点及生活习性，我们就可以对症下药，彻底根除虫害。我们来到业主家中，再一次对居室及周边环境进行了仔细查看，终于找到了"罪魁祸首"——两盆君子兰。随即进行了针对性的喷药，经过一段时间的防治，虫害得到了有效的控制，业主终于露出了满意的笑容。

点评：

（1）处理业主的投诉，沟通回访一定要及时，不要让业主产生拖延敷衍的感觉。

（2）遇到自己不能解决的问题，不能简单地回绝、敷衍业主，应主动与专业部门进行沟通联系，尽快找出解决的办法，使业主享受到专业化的服务。

（3）专业化的服务不仅能使业主满意，对自身专业水平的进一步发展也是一种积累。

2. 楼道内摔伤索赔案

2017年10月中旬，某业主反映8月中旬某天她母亲送客人下楼，因地面打滑摔倒，造成大腿骨折。她认为是由于保洁工拖地不当，造成地面湿滑导致摔伤，要求物业公司予以赔偿。

物业管理处先对该业主进行了安慰和沟通，随后立即展开调查。向当事保洁工及地段秩序维护员了解情况，当时他们都没有听到业主反映此事；我们又对当时楼道内的装修情况进行了调查，经查8月份该门栋没有业主装修，因此不存在装修垃圾致使业主摔倒的可能；然后对当事保洁工的操作情况进行了暗查，并向气象台查询了当时的天气情况。10月13日（阴天，气温15～19摄氏度），该保洁工上楼拖洗时间为9：12，离开时间为9：32，9：44上楼查看，楼道地面已完全干燥（为了保证数据的真实性，是在该保洁工不知情的情况下进行查看的）；根据气象资料显示，8月12～18日，除了12日有短时阵雨外，均为晴到多云的天气，平均温度均在30摄氏度以上。据此推测，楼道地面应在10分钟以内干燥。根据上述情况判断，业主因保洁工操作不当摔倒的可能性不大。随后，管理处出示了大量调查、取证材料并进一步与业主沟通、解释，业主终于承认此事与物业公司无关，放弃了索赔的要求（通过仔细详尽的调查取证，以理服人，为管理处妥善处理此事提供了充分的依据）。

点评：

管理处以积极、实事求是的态度认真对待业主的投诉，既不偏袒自己的员工，又以事实为依据，得到了业主的认可，妥善处理了这起投诉。

通过此事，管理处得到的启发是，我们应不断完善各项操作规范。在湿度较大的天气，应调整用干拖把拖拭楼道；对楼道内装修户应加强重点管理，避免因楼道湿滑或装修垃圾引起业主的人身伤害，真正给业主提供安全舒适的生活。

3. 培训带来规范服务

2017年6月8日上午9：00左右，管理处在检查工作中发现，某道路上的清洁工正在工作时，侧面走来一位女士向清洁工问路："请问先生，××苑怎么走？"该清洁工用扫把往前一指："向前面走。"由于问路人是第一次来××苑，不熟悉地形，该员工又很耐心地给她详细说明了行走路线，她也表示非常感激。管理员马上向该清洁工指出，他的热心是正确的，但用扫把指路是不符合礼仪规范服务的，是对他人的不尊重。

管理处以此事件为契机，在一线员工中加强公司规章制度及仪容仪表等方面的培训力度，要求每一位员工从小事做起，改掉陋习，并树立楷模加以示范，使员工的规范服务和职业道德迈上一个新台阶，得到许多业主的表扬。

点评：

物业管理工作中对员工的培训是保证服务质量的前提，是使新员工适应新环境的关键手段，也是使老员工不断提高自身素质的重要方式。

保洁、绿化人员普遍文化水平较低，物业公司应制定一套深入浅出的培训方法，以提高他们的素质，在日常工作的点滴中灌输企业文化显得尤为重要和有效。

4. 全心全意全为您

某年6月中旬，某花园部分老年业主向物业管理处提出：小区里老年人活动场所较少，而现有的门球场又不标准，不能适应老年人的活动需要，希望能在A区北侧新建一个标准门球场，公司领导指示要尽力办好此事（虽然门球场属于开发商投资，物业公司只是行使管理的职能，但物业公司仍十分重视，在力所能及的情况下尽量满足业主的需求）。为了经济实惠地办好此事，管理处技术人员翻阅了大量的专业书籍，决定自己建造门球场。一个星期后，一个标准、美观的门球场建成了，所有花费5000元，比外请专业公司建造节约了4000元（在保证质量的前提下，发挥自身专长，节约了成本，体现了爱岗敬业的精神）。当得知老人们又在为成立门球队的服装、标识等发愁时，管理处又利用设计优势为门球队设计了队徽、帽徽，并积极地联系厂家进行制作。在物业管理处的协助下，老年门球队成立了，管理处经理为门球队开了第一杆球。

在第二年的市老年门球比赛中，门球队获得了第二名的好成绩。老年业主们都称赞物业公司为他们办了一件大好事，有些原来对物业公司有误会的业主也改变了态度。

点评：

物业管理一定要以人为本，只有以实际行动感染人，满足业主的合理要求，才能证明我们的工作是成功的。

物业公司应当善于利用各种方式、各种渠道对物业管理工作进行宣传，使业主能充分理解认识，以利于更好地开展物业管理工作。

通过此事，再一次体现了物业"全心全意全为您"的服务宗旨，也为物业管理工作做了良好的宣传，使业主从中对物业管理有了进一步的认知和支持。

5. ISO 9000质量体系，维护了公司的利益

某年1月6日11：30左右，广场E楼二楼发生一起因地面湿滑，造成该楼面的某餐饮店员工王××摔倒的事故。事故发生后管理处立即派人将王××送往医院治疗，同时管理处主管、经理前往医院探望安抚。在王××康复上班后，向物业公司提出4327元医疗费、误工费的索赔。

物业公司通过仔细调查，向其提供了以下资料。

（1）清洁1～2楼电梯厅的具体时间8：30～10：00（体系文件清洁岗位操作表），以证明清洁时间与摔倒时间不符，不是由于物业公司清洁地面造成的湿滑。

（2）其他清洁工看见这家餐饮店员工11：30在用水拖地面，造成自己员工摔倒的证明。

所以，王××的摔倒与物业管理处的清洁地面没有关系，物业公司没有责任，不予赔偿，同时也得到王××本人的认可。

点评：

对事故的发生先不区分谁是谁非，主动将伤员送往医院，并对伤员进行探望安抚，体现了物业公司的优质服务，而且为以后的处理工作奠定了良好的基础。

物业公司平时重视清洁工的培训，严格执行ISO 9000质量体系操作规范，每个清洁岗位都有明确的操作时间，形成有力的依据，说服了当事人，妥善处理了该事件。

6. 按时保质得到业主理解

某花园一住户委托管理处打扫房屋，该房屋为一幢三层楼别墅，有房间9间，另有3个大厅，而且房间地板、大理石上有装修后遗留下的涂料等污迹，门窗玻璃也都污浊不堪。住户的清洁要求较高，并要求当天晚上必须清洁完毕，夜间有客人来看房。管理处考虑到保洁组的日常工作，先安排2名保洁人员到三楼清洁。见只有2人打扫，住户代理人便生气地说："才2个人，打扫到什么时候才能结束？晚上客人就要来了，打扫不出来由你们负责。"保洁负责人耐心解释道："现在保洁人员都在小区内进行日常清洁工作，清洁完毕后，我们会进行人员调整，一定会在您要求的时间内做好清洁工作。而且我们的保洁人员都是经培训后才上岗的，保洁的标准也有要求，清洁完毕后会得到您的认可，请放心。"随后管理处又增派了4名保洁人员进行加班清洁（住户因心里着急而误会，我们只有以优质、高效的服务来赢得其谅解）。

晚上6时多，代理人回到小区，见保洁人员在忙碌着，便数落起保洁人员使用的工具落后，要求将物品重新清洁一遍。保洁负责人回答："在清洁工作没有得到住户满意前，

我们的工作是不会结束的。如果因您的原因而延误时间，由您自己负责。"

晚上10时，住户陪客人来看房，逐个房间进行了验收，看到保洁后的效果连声表示"好、好。"第二天住户送来礼物表示感谢，被管理人员婉言谢绝。

点评：

物业管理工作中，经常会遇到客户的不理解和挑剔，物业公司只有通过自己过硬的专业技能、高标准的服务质量和优质的服务态度，才能转变客户的态度，从而取得他们的理解和信任。

7. 丢失的发票

某年8月10日10：30左右，一名保洁人员向组长汇报，有一位业主反映：在经过××苑东侧主干道时，不慎丢失了两张分别为24万元和30万元的购房发票。客户万分焦急，那是买房和办理房产证的重要凭证。

得知这一情况后，管理处立即组织人员进行查找，秩序维护员和保洁人员沿客户经过的道路寻找；地段垃圾清运工沿线查找所有垃圾筒内是否有发票。然而该地段的垃圾桶在上午10：30左右已全部更换了新的垃圾袋，并已将收集的垃圾运往垃圾站。保洁组长立即询问了这位业主，让他回忆大约是何时路经此处的。业主回忆是在9：30左右，而该路段的垃圾10：00已清运完了。

情况了解后，清运工和其他几位保洁人员立即赶到垃圾站，询问10：00后环卫局是否来清运过垃圾。在确认垃圾没有被运走后，清运工和保洁人员将场内所有的垃圾袋都打开翻寻。当翻到第四十袋垃圾时终于找到了那两张发票，经业主确认发票无误。该业主对物业管理人员的敬业精神感激不尽，连声称赞道"××物业名不虚传，培养出这样的好员工，让我提前享受到了优质的服务，我的选择是明智的。"

点评：

世界上怕就怕"认真"二字，而物业管理就需要认真、吃苦的工作态度，这样才能真正做到"全心全意全为您"的服务宗旨。像这个案例，如果哪个环节马虎一下、敷衍一下，事情的结果可能就不一样了。另外在处理类似事件时，及时了解、掌握有利的线索也是很重要的。

8. 粗心大意酿事故

2017年2月11日，××花园三名绿化工在某栋房前例行进行树木的锯枝养护，当修剪至第三棵树时，发现树下的停车位停放一辆小区业主的轿车。此时要么停工，先修剪其他树木，要么请车主将轿车位置移动。而绿化工却抱着侥幸心理，使用尼龙绳拴住树干进行锯割，想借用人工的拉力，促使树干反方向折断。由于树木存在着自然的韧性，在人工力量的拉动下，却将绳索拉断，使锯断的树干突然向下坠落，将停放的车辆砸坏。

事后，物业管理处积极上门同车主沟通，并主动承担部分车辆的修理费用。同时以此为戒，加强了全体人员的教育和培训，让大家充分认识存在问题的重要性，提高文明、规范操作的意识。

点评：

通过砸车事件可以看出保洁、保绿工作应严格按规范操作，否则必会带来严重的后果，平时需加强培训，使每一位保洁工安全、文明、规范的操作，才会利己、利人、利公司。

9. 业主违规装空调，客服耐心晓利弊

一天，秩序维护员报告客户服务中心："A栋1602业主不按我们指定的位置安装空调，要将空调装在窗户上方。"客户服务主管正在忙于其他事务，便安排一名秩序维护员先去现场。

一会儿，客户服务主管赶到，他正要了解情况，业主反而不停地说着自己的理由。他觉得物业公司指定的位置不好，要求将空调装在窗户上方，并且明确表示："我就要装在这里！"空调公司的安装人员也在一旁阴一句阳一句，更助长了业主的不满情绪。

客户服务主管心里虽很窝火，但仍耐心地解释，说道："安装空调在指定位置，管线不露出来，一是物业公司的规定，二是为了保证小区建筑统一风格和美观，如果每个人都按自己的想法装空调，那咱们小区的外观就会很乱，整个小区的形象会受到很大影响。这里也是您的家园，要是您的亲戚和朋友来您家里做客，看见您住在这样一个杂乱不堪的小区，他们也会说您怎么选择了这样一个小区，那您该多没有面子啊"。听了客户服务主管这番话的话，业主想想也是，便不再坚持自己的意见。

这时，客户服务主管把那位安装工叫到一边，告诫说："按照规定位置安空调，是我们公司的规定，如果你执意要违反我们的规定，那你先想好了，这是我们的管辖范围，你们公司还要不要在我们这里做生意。"那名装修工马上声称要按规定安装。在客户服务主管的说服下，业主同意按规定位置安装空调。

点评：

客户服务主管在这里没有对业主的做法提出批评和指责，他只是站在业主的立场上，让他设想一下这样安装空调的后果；对那名安装工，他则采取了攻心战术，很快就解决了问题。没有大道理说教，反而更能打动别人。

10. 三次登门拜访，业主终被说服

某业主不顾客户服务中心的一再说服，还是把空调的室外机装在了主立面墙。物业公司派小黄做工作。

第一次，小黄登门给业主宣传公司规定，要求他拆下来重新安装，物业公司可以提供帮助。但是业主毫无商量之意，把小黄赶出了门。

第二次，小黄又登门拜访。他没有谈空调之事，而是和业主唠家常，一个多小时过去了，业主没有说什么，小黄也不着急，仍然慢慢地和他谈着。半个小时过去了，业主说他先想想再说，小黄反而不急地告诉他："不急，您先想想，毕竟空调是大家电，需要好好想想的。"

第三次，小黄再次登门拜访。和业主坐下来谈了很久。他谈到了业主入住时的情景，

谈到了公司对小区管理的理念，谈到了对业主的服务方式，也谈到了公司对管理制度的原则性。最后，业主说："听你这样一说，我明白了你们也是为了我们好。这样吧，我明天找人改过来"。

小黄的手和业主的手握在一起了。

点评：

小黄之所以能够把这位业主说服，他靠的是耐心。他相信，只要坚持下去，业主一定会被说服。所以他才有三次登门拜访之举，这样的情况下，再难缠的业主也会"投降"的。这就说明，客户服务中心在做服务工作中，要讲究"耐心"。

11. 技术工人的话就是管用

秩序维护员蔡某报告，一位业主不但擅自在外墙上开孔安装空调，还损坏了管道。

物业管理员检查后，要求业主停止作业，但业主仍坚持己见，督促继续安装。物业管理员只好扣下装修工人的工具和证件，予以制止。

业主对物业管理员制止违章装修十分恼火，要找物业经理理论，承担停止安装空调的后果。

公司的水暖工赶到现场后，修复好漏水的暖气管，他查看了一下现场，对业主说："你这个位置并不好，整齐美观我不说，就说你安到这里，冷凝水管要走多远呀，我们都是做技术工作的，也许还有点儿懂，您这样浪费材料不说，还真的是影响美观。"水暖工一席话，让业主改变了主意。

点评：

制止违章装修确实不是一件容易的事，若有一个第三者从技术角度有理有据地分析，尤其是从为业主着想的角度来说，问题的解决就容易得多。

12. 按法律规定办事

陈先生带着装修公司的人来办理装修手续。

物业管理员接待审核证件时发现，陈先生要装修的房屋业主是曹先生而不是戴女士。陈先生急了，他说他有房产证复印件，上面明明白白写的是戴女士的名字，而且他现在手中的这把房间钥匙也是戴女士亲手交给他的，怎么可能会错呢？

物业管理员建议陈先生打电话给戴女士，请她带上房产证原件来一趟管理处。但是，却联系不上戴女士。

在等待戴女士时，物业管理员打电话给开发商，了解到原来的业主曹先生已经缴清了购房款及其他费用，并找到曹先生的联系电话；然后联系到曹先生证实他的确早已将房转卖过户给了戴女士。

陈先生的律师很快就赶了过来。物业管理员以国家的相关管理规定为依据，告诉他们：房屋的所有权人为业主；业主需要装饰装修房屋的，应当事先告知物业公司；装修人在住宅室内装修，工程开工前，应当向物业管理单位申报登记；承租人对住宅室内进行装饰装修，应当取得业主的书面同意。

陈先生的律师觉得管理处的做法确实是有理有据的，说："我们今天先缴清相关费用，把相关的装修规定拿回去认真看看，你们也先收下装修图纸，先审核，看有没有什么违规的地方。我们回去后马上想办法与戴女士联系，请戴女士尽快赶回来，以便可以及时开工。"

物业管理员见他们很诚恳，就告诉他们不一定非得请戴女士亲自回来，但一定要出具一份书面委托书，并附上她的身份证复印件。几天后，陈先生的装修手续就办妥了。

点评：

物业公司从事的是服务工作，在涉及法律的问题上，一定要小心，当面弄清楚一切法律手续，耐心讲解法律规定，对于规避风险很有帮助。

13. 记住他的名字是最好的尊重

某工业区内有几十家企业租户。一天，其中一家不大的公司部门主管来找物业管理员，管理员一时疏忽，说错了对方的名称。主管顿时不高兴："看不起我们小公司啊！"从此后，对物业的管理一直是不配合不执行，甚至一连几个月都拖缴物业管理费。

物业管理处从此事中吸取教训，要求各部门员工把园区内几十家企业的单位名称、领导各部门主管的名字都详细记在脑海里，见面主动打招呼，热情提供服务，深受企业赞赏。

点评：

物业管理处能够从一件小事吸取教训，要求员工做到熟记相关人员的名字，这样的改进不但拉近了双方的距离，而且也为管理带来了便利。

14. 业主欲安防盗网，物业动情来劝阻

业主提出安装防盗网。物业管理员接到申请后对业主说，小区不许安装防盗网，是物业公司的规定。但业主情绪非常激动，执意要装。

面对业主的蛮横要求，物业管理员冷静地向业主作了解释：按照国家有关消防规定，不允许安装任何防盗网。如果室内万一失火，对人员的疏散和消防救火都会带来不利影响。

安装防盗网，给人的感觉像在笼子里居住一样，既不美观，又给人以心情压抑的感觉。

小区是一个智能化小区，每家每户都有智能安防系统，并且小区24小时不间断巡逻，没有必要安装防盗网。如真想安装防盗网，只能根据小区的规定要求安装在室内。在物业管理员耐心说服下，业主改变了想法。

点评：

是否能够安装防盗网，《业主手册》《业主公约》和《前期物业管理服务协议》有明确的规定，大部业主是会遵守规定。业主如果按照自己的意愿非要做特殊装修，管理员应该动之以情，晓之以理，讲明利害关系并给业主提出合适的建议，业主是会接受的，而且不会造成业主与管理处之间的矛盾，达到两全其美的效果。

15. 邻里相争急，物业忙调停

某小区，楼上和楼下两家互相指责：楼上的人说楼下的电子琴吵人，楼下的人说楼上的故意在地板上制造响声。事情投诉到管理处。

管理员小张是这样处理的。他了解到，楼上的一家，是一对60多岁的老夫妻，女儿在国外；楼下的一家，有个读小学四年级的孩子。小张心里有数了。他来到楼上的一家，和老人谈家常，从谈家常谈到老人的女儿，引起老人对孩子培养的回忆，他告诉老人，楼下的邻居有个小孩子学电子琴，他会去做工作，让他们家调整时间。他又来到楼下的一家，还是用谈家常的方法，引出女主人对远在外地父母的想念。他告诉女主人，楼上住的是60多岁的老人，身体不如年轻，需要安静的环境。这样一说，女主人很体谅地表示，调整孩子练琴的时间，每天到晚上9点结束。

小张的调解使得两家关系很和睦了。

点评：

进行物业管理不仅需要一张巧嘴，而且需要一双快腿。业主之间闹矛盾，不能觉得与己无关，要主动两边跑、两边说。要找到方法对症下药。

16. 夜半鸡叫扰清梦，好言相劝还安宁

某小区业主气冲冲地来到客服中心投诉：楼上有人养鸡，每天很早就打鸣，他有心脏病，影响了正常的休息，要求管理处处理。

客户服务中心对老人进行安抚。经调查发现，在4楼确实有人家养鸡。管理处员工上门做工作，从养鸡不卫生又吵闹还影响邻里关系的角度与业主沟通，取得了一致，业主将大公鸡送给了餐馆。

点评：

有投诉是很正常的事情，但如何解决投诉，却是我们的服务态度和技巧问题。首先不能回避责任，要马上行动；解决实际问题后，要及时反馈信息，取得投诉者的谅解。

17. 成功服务业主，费用催缴有谱

某业主已经拖欠管理费快一年，管理处多次打电话并上门做工作，该业主都以噪声、暖气等问题拒交。这天，业主打电话到客户服务中心，且非常不礼貌地说："我家楼上装修，把我家给淹了，你们物业公司是干什么的？"

值班的物业管理员听到该业主的声音，感到和业主沟通的机会来了。便冷静地安慰，表示马上就到现场去。管理员来到业主家，进门一看，地面上倒是很干净，但墙顶和墙面上被污染了一块。

管理员首先对此表示了同情和歉意，并请该业主放心，一定会将事情处理好。随后管理员把楼上施工的负责人叫到楼下查看。经过物业管理员的耐心调解，施工方给予一定补偿费作为墙面刷新的费用，业主接受了这个较合理的解决方案。

第二天，该业主主动来到管理处办公室补交了所欠10个月的管理费和水电费，并从

此后再也未拖欠过管理处任何费用。

点评：

根据《物业管理条例》规定，业主有交纳管理费的义务，但有时通过法律手段来解决，效果不一定好。所以，在加强与业主之间沟通的基础上，善于把握时机，如业主有困难的时候，能不计前嫌，急业主所急，想业主所想，用服务感动业主，取得业主对我们工作的理解和支持，不失为一种解决欠费的好办法。

18. 耐心细致工作，切忌简单武断

业主向客户服务中心投诉：楼上晚上还在装修，巨大的冲击钻声影响休息，希望管理处予以制止。

管理员接到电话后，立即到某楼某室，原来该业主正在打孔装管道，便不容置疑地说："请您停止装修，明天在规定的时间再施工。"

男业主看管理员的语气和神态是那样的坚决，不容商量，只好说：那好吧，我们停下来。

第二天上班管理员一走进办公室，就见某室的女业主正对管理处经理大发脾气。原来该业主家管道坏了要换，管理处跟承建单位联系了很久，昨天晚上好不容易请来工人，差一个孔就完工时，被管理员给制止了。这下可好，又要再去联系，也不知道人家什么时候有时间来，一拖再拖的业主能不有意见吗？

小刘知道事情原委后非常后悔，自己办事太轻率，执行规定太机械，如果当时能够耐心听取业主的解释，再根据实际情况灵活处理，就不会给业主和管理处的工作带来这么大的麻烦……

点评：

如果管理员能耐心了解情况，并协助该业主向投诉的业主说明情况，做好解释工作，取得其他业主的谅解，就不会出现本案例的情形。物业管理是一项细致的工作，一不小心就会造成严重的后果，无论业主的做法是否违规，都要耐心的听取业主的解释，了解事情的前因后果，具体情况具体分析，不能教条、简单地从一而论。

19. 外籍业主意欲恼，英语架起友谊桥

某小区住着某国驻华大使馆外交官。一天，因为煤气公司延期开通煤气，外交官夫人向物业公司投诉。

这天，外交官夫人和她的翻译来到管理处，年轻的翻译一到就发脾气："你们说这个月上旬可以通煤气，为什么要推迟，中国人办事就是拖拖拉拉，这可是外国朋友。"接待员微笑地解释道："对不起，原来煤气公司的通知是本月上旬通煤气，不想现在他们又发来延期的通知。"

客户服务主管这时走过来，先对外交官夫人礼貌地点头致意，然后看着翻译小姐说："小姐，你也是中国人吧？由于不可预见的因素导致时间拖延的情况在中国有，外国同样有。现在管道煤气确实通不了，这肯定会给大家的生活带来不便。如果您需要用罐装液

化石油气过渡一下，我们会尽力给予帮助。"翻译小姐怔了一下，回头用外语对外交官夫人复述了一遍。外交官夫人脸上的神情变得轻松了一些。见她们交谈时偶尔夹杂着英语，客户服务主管主动用英语与她对话："请您理解我们工作上的难处，我想我们今后一定会在一起愉快相处。"说完还将自己的名片递给她，外交官夫人惊讶中露出愉快的神情，也用英语回答："很抱歉错怪你们，希望你理解我的心情，我担心我丈夫吃不上可口的饭菜，所以非常着急……"说完大家都笑了起来。

点评：

物业管理的服务对象既有中国人也有外国人。一种双方都熟悉的语言，往往能轻而易举地搭起沟通和友谊的桥梁。看来物业管理工作者真的需要练练语言，多学几手，争取"见什么人说什么话"。

20. 楼上漏水楼下愁，管理沟通显成效

楼上漏水，楼下遭殃，情况反映到管理处，维修人员敲开楼上业主的门向他说明来意后，业主的脸马上就甩出一句："他家漏水关我家什么事"。说完就"砰"的一声把门关上，原来楼上与楼下两家业主一直不和，此后虽然管理处多次找业主，可楼上业主就是不打照面。管理处只好先做下层补漏。

楼下反映频繁，管理处主任亲自找楼上业主协商，连续几天都等到夜里很晚，才见到该业主。业主觉得很不好意思，但表明自己不是跟管理处过不去，而是对楼下住户有意见。虽然经过管理处人员多次耐心劝说，业主仍然不同意在自己家里施工，双方为此僵持不下。

正在无计可施之时，事情忽然出现了转机。管理处得知业主家小孩上学，需要办理相关证件，但又不知道怎样办理，正为此事发愁。抓住这一契机，管理处主任马上找到社区协商，请求给楼上业主尽快办理相关证件，在社区积极配合下，很快解决了楼上业主小孩上学的后顾之忧。业主对此感激不已，主动要求尽快在自己家中进行补漏。

点评：

在日常工作中，对业主的情况要及时掌握和熟悉，了解业主各自所需，帮助他解决困难，使其充分理解和配合管理处的工作。另外，如果本案例中管理处做好对楼下业主的工作，借此机会消除或者缓和双方的矛盾，也许会更快地解决问题。

21. 外墙渗水业主怨，积极处理避骚乱

某花园自入伙以来，外墙较大面积出现裂纹且渗水，半年后涂料已经基本褪色，严重地影响了楼面美观。业主多次联合向开发商、管理处反映，但终没有得到解决，随着时间的推移和开发商的不作为，业主要求更加强烈，已经串联，准备采取更大的联合行动。事情严重，管理处迅速采取措施。

（1）与开发商紧密联系，如实反映小区外墙实际情况，拍上照片派人送达，把后果的严重性通报给开发商，从根本上打消开发商无限期"拖"的念头。

（2）向开发商提供多个解决方案，并分析各自的利弊。

（3）真诚与业主委员会合作、与有影响力的业主进行沟通，取得各方的信任，尽可能把事情解决在开发商的行动之前。

（4）督促开发商尽早确定并进场开工，争取在雨季到来前完成，否则拖入下半年，事情将更难处理，后果无法想象。

最后，开发商在认真考虑、衡量利弊后采取了行动。

点评：

开发商与业主之间因种种因素不可避免会出现一些矛盾，倘若一方只考虑自己的利益得失，不考虑别人的真实感受，矛盾就会升级、激化。此时，管理处应依据相关法规、文件的规定，适当运用强硬手段是能够收到一定效果的。当然，管理处在具体实施时，也要考虑周全，不要让矛盾扩大。

22. 匿名投诉要重视，认真细致巧处理

一个匿名投诉电话引起了管理处领导的高度重视：某发廊夜间扰民！

迅速查阅夜间值班记录，并未发现有投诉现象；走访周边业主，认为没有受到任何影响。在两种方法都找不到原因的情况下，管理处布置秩序维护人员加强对商铺的巡查，管理处的领导也在夜间经常到此巡视。半个多月过去了，管理处对商铺的管理未有丝毫的松懈。

某日，管理处办公室又接到投诉电话：某栋商铺音像店夜间扰民，影响我们休息。管理处请投诉人留下姓名、联系方式和房号。致电者大声地说："我投诉的问题，你们管理处到底管不管？如果你们不解决，我们要向你们公司反映。"面对对方的质疑，管理处接待人员诚恳地回答道：你提出的扰民问题，我们不仅要管，而且要管好。我们安排了专人管理，对每间商铺夜间的情况每天都有记录。但我们可以明确地告诉你：你投诉的内容不是事实。

对方马上在慌乱的应对声中挂断了电话。

点评：

由于商家与商家之间的竞争，以及商家与客户之间的矛盾，导致一些人采用匿名电话骚扰对方。这种无聊的举措，无形中也是对管理处工作是否到位的一种考验。但无论对方是真是假，只要我们的工作落到了实处，就能从容面对问题。

23. 沟通不畅起误会，客户不平讨说法

某日，某公司租用某大厦会议室开会。第二天，客户服务中心接到该公司主持会议领导的电话，对今天的会务服务安排很不满意，说公司花了很多钱，客户服务中心却没能提供相应的服务，要求给个说法。经过客户服务中心的进一步了解，才知道这位领导指的是公司让客户服务中心代购一些水果，但会议进行一半时，他去现场查看，发现水果不够多，所以很生气。

（1）服务处客服人员首先向这位领导表示歉意，并承诺一定会查清这件事情的原因。

（2）经调查发现，所采购的水果并不少，但由于在开会前工作繁忙，没有让主持这

次会议的那位职员进行确认。

（3）由于这次会议只要求在休息的时候提供水果，为保持水果的新鲜，会务服务员就没在现场摆放太多的水果。

（4）如实地向那位领导进行了反映，对于因自身的工作不到位而引起的误会道歉，取得了对方的谅解。

点评：

（1）出现这样的问题是由于客户服务中心与客户的沟通不够及时而引起的。

（2）客户委托事务，完成后应及时求得客户确认，及时反馈既能体现我们工作的责任心，又能方便客户对情况的了解和其工作的开展。

24. 代管宠物引发投诉

某小区一住户准备全家出远门旅游一周，但是家中的宠物宝贝猫无人照顾，又不想麻烦朋友，非常希望管理处能帮忙，并表示工作很简单，只负责猫的吃喝拉撒，并愿意按家政服务标准交费。管理处考虑到住户的实际困难，答应了住户要求，并安排保洁人员负责。

待到客户回来后的第三天，物业公司总经理收到该户男户主一封投诉信，指责服务人员虐待动物，不人道，深深伤害了住户的心，并说物业公司的服务不过如此，从此对物业公司失去信心等。

管理处在十分被动的情况下，全面、仔细地了解了情况，发现事发原因是双方无明确的记录，保洁人员将日期弄错，猫饿了两天，将家里弄得一塌糊涂。

客户服务中心人员在核实业主是否回家时，又将对讲机号码按错，因为有人接电话，以为客户已回家。了解了整个经过后，物业公司分别与男、女住户进行了沟通并致歉，最终得到他们的理解，事后，男住户又给管理处写了一封赞扬信。后来，二位迁移国外，临走与管理处人员告别，坦言道：我们住过许多地方，觉得你们的服务是最好的。

点评：

客户服务中心对住户交代的事项没有认真做好记录，是造成本事件的主因，客服人员在通知住户取钥匙后如果继续联系、跟踪、了解情况，也会发现通知对象有误，从而可以避免这一事件的发生。物业管理工作的特点要求我们从业人员工作必须细致，要把服务对象的小事当作工作中的大事，同时物业公司在管理上应尽可能地规范化、制度化，防止因具体操作人员的失误，影响了我们所提供服务的质量。

25. 建筑设计过时，遭客户投诉

某小区是较早入伙的一个高层住宅小区，设计和施工都合乎当时的潮流和条件，所有的房间都预留了统一的窗式空调安装位置，大厦外观上比较整齐划一。可许多年过去了，住户更换频繁，旧有的设计和新的商品之间的矛盾凸显出来。

安装窗式空调的老住户们，他们认为楼上住户的分体式空调的室外机安装在自己的窗户上边，噪声比原来安装窗式空调时对自己的影响大很多，所以坚决要求管理处予以制止，让新住户们将已安装的分体式空调拆除。

管理处对此做了大量的说服工作，再三强调指出：设计和预留窗式空调位，是由当时那个年代的客观因素决定的，现在分体空调广泛使用，没有任何文件和理由规定住户不可以装分体空调，我们不能限制业主的正常行为，如有噪声可以通过维修来解决。通过协调处理，减少了住户的抱怨，增加了住户对管理处的信任。

点评：

投诉分有效投诉和无效投诉两种情况。对物业管理范围之内的事件投诉，就是有效投诉，应想方设法予以解决。接到无效投诉后，管理处也要做好劝解、安抚、协助等工作，给予精神上的支持，以展示管理处工作的全方位服务理念。

26. 住户以维修未使用任何材料为由拒交维修费用

业主家洗菜池下水管堵塞，电话委托管理处维修班疏通，维修人员及时赶到现场。由于下水管堵塞严重，在该层楼疏通不开，又转到楼下，从下水管检查孔反向往上疏通。经过几个小时的努力，管道彻底疏通了。从下水管里掏出不少砂浆、白灰和油漆块，证明堵塞是该住户装修造成的。谁知当维修人员收取30元维修费用时，该住户以维修未使用任何材料为由，拒不交费，并振振有词地说，自己装修完刚入住，别的楼房都有一年保修期，他也应当住满一年后再交费。

情况反映到管理处，主管领导上门做工作。首先，征询该住户对维修人员文明用语、工作态度、维修质量的意见，他均表示满意。然后，便耐心地给他解释入伙与入住、公用部位与自用部分的区别，依据有关法规向其说明大厦已入伙多年，早就不存在保修期，室内维修发生的包括人工费在内的所有费用，都要由业主（住户）承担，并在核对这次疏通下水管工作量的基础上，进一步申明收取30元维修费，已给予了相当的优惠。这位住户觉得主管说得有理有据、合情合理，消除了误解，便愉快地交付了应付的维修费用。

点评：

维修费用包括材料费用和人工费用等其他费用，业主以未使用维修材料拒绝交付维修费用的理由不成立。本案例下水管道维修范围处于业主室内，属于有偿服务范围，其堵塞显然是由于业主装修期间，不按装修管理规定，对下水管道使用不当造成的，其责任完全应由业主承担，业主应承担维修费用。

业主提出的保修期问题，关键在保修期时效的计算。房屋保修期的计算，是从业主办理入伙手续之日起计算时间，与业主入住到房屋的时间无关，因此，业主所说刚刚入住的理由也不成立。物业公司应根据业主办理入伙手续的时间计算保修期，依据实际情况酌情妥善处理。本案例中应收取的费用如在弄清维修范围后，事先告知业主，就不会出现纠纷了。

27. 坚持按合同确定服务性质

刘小姐买了一套商品房，各项设施使用和运行状况良好。但2年后，刘小姐发现洗手间的水龙头开始出现一点儿漏水现象。由于滴漏并不严重，并没有引起她的重视。一天，她发现紧邻洗手间的卧室墙面已经有了水迹，墙面漆剥落。刘小姐来到物业管理处，要求管理处无偿为其维修水龙头及墙身。物业管理人员告诉她，可以为其维修水龙头及墙身，但是是有偿服务。刘小姐不解，坚持免费维修。

物业管理处向刘小姐耐心地解释，按照国家规定，给排水管道、设备安装的保修期为2年，刘小姐在使用2年后发现水龙头漏水，这时候已过了保修期，水龙头应由住户自行维修更换。同时，拿出当初与刘小姐签订的合同，其中有明确规定，说明这项维修是有偿服务，不应由物业公司免费承担。刘小姐最终同意物业公司收取一定的维修费用。

点评：

物业公司有偿服务的要求是正确的。在这个事情的处理过程中，有理有据地运用相应的法律规定与物业管理合同，使解释获得业主的认可。所以，在物业管理工作中，一定要熟悉相关的法规和合同的内容，依法进行管理。用约定说话，是最有力的"约定"。